いっしょに考える
難民の支援

日本に暮らす「隣人」と出会う

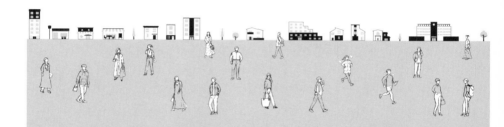

森 恭子・南野奈津子

編著

明石書店

はじめに

　かつて、日本にもある日急に「ここにいると危険だから、今の家をできる
だけ早く出てください」と言われ、急遽荷物をまとめ、どこに行くのか、い
つまでその状態が続くのかわからないままにバスに乗り込み、急ごしらえの
住宅や避難施設で長い間生活する人が多くいた。彼らの多くが、大事にして
いるもの、ペットや車などをおいて家を離れた。その後、新たな地で生活す
る中で、「国のお金で生活している」などと陰口を言われた人も少なくない
と聞く。

　いったい誰が、長く大事にしてきたもの、ずっと働いて手にした家や愛す
べきペットを残して、数個のカバンに入るものだけを手にして、バスに乗り
込みたいと思うだろうか。誰が、かつて生活した地が安全ではないというニ
ュースを日々目にしながら、新たな地で心地よく定住できるだろうか。

　この状況を生んだ2011年の東日本大震災から早12年が経つ。震災、そし
て原発事故のときに自宅を離れざるを得なかった人びとがおかれた状況と、
世界各地の難民は、私には重なるところが多いものとして目に映る。日本で
難民をめぐるニュースに接することはずいぶん増えた。とはいえ、私たちに
とっては遠い話、という人もまだ多いかもしれない。しかし、日本にも住み
慣れた地を離れることを余儀なくされ、それまで積み上げてきた生活、そし
て持っていた将来への夢をすべて断たなければならなくなった人びとが多く
いる。難民条約上の定義としての難民は少ないかもしれない。でも、おかれ
た状況でみれば、私たちの社会にも難民はたくさんいる。

　難民は、国家、民族との間で起きる軋轢、戦争や政府による弾圧、風習や
宗教の違いだけで生まれるのではない。気候変動に伴う自然災害の増加、外
国人労働者の搾取、貧富の格差の拡大、さらには性自認やジェンダーをめぐ

る課題も難民を生み出している。人が安心して生きることができない社会となったときに難民が生まれる、という事実も、私たちとは無関係ではない。

　そして、日本には難民は実際にいないのか、いるけれど社会でその存在が気づかれていないのか、ということも考えたいと思う。私たちは、日本で庇護を求める難民、彼らのこれまでの生きざま、難民認定申請者の生活の様子、そして日本社会でどのように扱われているのかについて、どの程度知っているだろうか。彼らの存在自体を知らなければ、考えること自体ないし、できる支援についての思いも及ばない。それは、近年社会で認識されつつある、障がいのある兄弟や親の介助や家事を子ども時代から担い、さまざまな機会を喪失している「ヤングケアラー」もそうだ。彼らも社会の中にいた。ただ、認識されてこなかった。だから、社会が問題意識を持たない時代があった。そう考えると、「難民はあなたの身近にいるんだよ」ということを知ることから始めていく必要があるのだろう。

　本書では、難民の実情や難民認定申請制度、支援について知ること、そして人権保障の問題として難民を捉えるという立場をとりつつも、難民申請をした非正規滞在者の実情についても触れている。難民認定をめぐって出会う人の中には、難民とは考えづらい人が含まれるのも事実だ。ただ、難民認定申請を選ばせる国内外の構造的問題とは何か、ということも考える必要がある。本書により、世界、そして日本の難民についてほんの少し理解が深まること、そして難民に留まらず、さまざまな背景を持つ人びととの共生と社会のありように思いをめぐらせることにつながれば幸いである。

南野 奈津子

いっしょに考える難民の支援
目　次

難民を支援する
ということ

南野奈津子

1 難民支援と外国人支援は違うのか

（1）難民の世界とはどのようなものなのだろう

　日本では、外国人の生活者がこの10年ほどで急増した。それに伴い、教育、医療、福祉での問題が起きるようになり、外国人支援についての実践や情報はずいぶん増えた。その一方、日本に暮らしていると、難民と接することはとても少ない。

　これは難民の受入れを大きく制限している政策の結果でもあるのだが、難民認定者数が少なく、また難民と出会うことが少ない社会にいると、支援実践の事例の情報も少なくなる。そうなると、成功例も失敗例も情報がないわけで、難民支援とはどのようなものなのか、他の外国人支援とは何が違うのか、について知る機会もなくなってしまう。

　では、難民支援と外国人支援は、何が違うのだろうか。

（2）難民がおかれる状況を想像してみる

　筆者が勤務する大学で担当している授業の1つに「全学SDGs講座」というものがある。この科目は、SDGsの17の目標に関連するテーマについて、ディスカッションやワークを通じて学びを深めるものだ。筆者はこの科目で「共生社会へのカギ」というタイトルで難民・移民についてのテーマを担当している。

　この授業では、「住み慣れた地を離れる」を考えるワークを行った。ワークの進め方はシンプルだ。まず、A4のコピー用紙を配付し、横においた形で中央に縦に線を引く。そして、紙の左側に、自分が普段大事にしているもの（人間関係でもいいし、コレクションなどでもいい）、よく使うもの、ストレスの解消法、多く時間を割いていること、頑張っていること、などを思いつくままに付箋に書き、貼っていく（図0-1）。

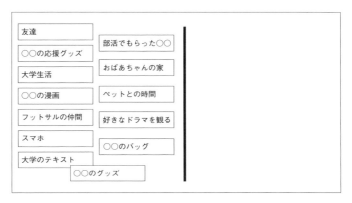

図0-1　自分が大事にしているもの

　そして、学生にはこう伝える。「あなたは自宅に帰ると、親から『ここに
いると危険なので、明日の夜、家を出て隣国に行く。自分で運べるもの以外
は持っていくことはできない。スマホのデータで、あなたを判別できるもの
や友人の連絡先なども、できる限り削除してほしい』と言われました。左側
にある付箋に書かれたもののうち、持っていくものを選びましょう。荷物は、
リュックとスーツケース程度だと考えましょう。持っていくことができない
ものは、付箋をはがし、持っていくと決めたものは、紙の右側に移動してく
ださい。次に、実際には消去しなくていいけれど、9割のデータを消去する
ことを、画面をみて考えましょう」（図0-2）。

> あなたは、国内の政情不安により２日後に家を出て隣国に行くことに
> なりました。親からは、
>
> ・安全のために、知人とはしばらくの間連絡を絶対に取らない
> ・スマホでのやりとりは行わない
> ・今ある、身元が分かるデータや写真はすべて捨てる
> ・荷物はスーツケースとリュックだけであとはすべておいていく
>
> と厳しく言われました。実際、情報が洩れて、行方不明になった近所
> の人がいるとのことです。明日までに、荷物やデータ処理をしなくて
> はなりません。

図0-2　学生に示した説明の紙

（3） 難民がおかれる世界は他の外国人とは大きく違う

　このワークは、自分が経験したことがあるさまざまなワークを思い出しながら作ったものだ。実際に授業で行う前に、自分でもやってみた。すると、一度書いたものを眺め、おいていくものを選び、その付箋をはがす作業は、悩み、葛藤するものであることが分かる。実際に失うことはないと分かっているのに、スマートフォンの画面を見ながら「どれを消そうかな、この人は消したくないな、でも削除しないといけないんだよな、この写真も削除するのか…」等と考えると、別れるつらさで胸の痛みを感じる。日本の大学の教室でやってもそうなのだから、実際に厳しい状況の渦中にある人にとってはそのつらさはいかばかりのものか、と考えさせられる。

　筆者は大学卒業後にアメリカに留学した。アメリカでは、言葉や医療、文化に関連するさまざまなストレスも経験した。しかし、そのときにはこのワークで感じたようなさまざまな物との別れも、心の痛みも経験することはなかった。同じ「遠い異国に移動する」という行為でも、難民とそうでない外国人とでは、心理的にも物理的にも状況は大きく違うのだ。

2　外国人であり、難民であるということ

（1） 難民の「5つの壁」

　難民は、難民であり、外国人でもある。だから、外国人としての壁にもぶつかることになる。外国人は、「言葉の壁」「こころの壁」「制度の壁」「アイデンティティの壁」そして「文化の壁」に直面しやすいとされる。「言葉の壁」とは、自分が使用していた言語ではない言葉を読む、書く、聞く、話す、が難しいことにより、書類の内容がわからない、周囲とのコミュニケーションができない、自分の伝えたいことを伝えることができない、言われたことが理解できない、等の困難を生み出すものだ。「制度の壁」とは、「外国籍で

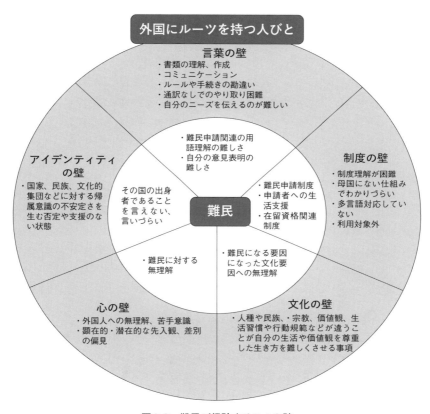

図0-3　難民が経験する5つの壁

あるために制度を利用できない」「制度を利用できる立場にあるが、他の事情で利用しづらい構造になっている」、そして「文化や言葉の問題などにより制度を利用しない」というケースなどを生み出す状況だ。ある支援は、制度上は利用対象外ではないけれど、日本語での支援や説明を理解できない、あるいは利用手続きの情報が行き届かないなど、言葉の壁が影響するような形で、制度を利用できない、または宗教に配慮した支援がされづらいために、自分たちの信条に添わない支援機関は行かない、などだ。

　「文化の壁」は、音楽や芸術、人種、民族、宗教、価値観や生活習慣など

が違うことにより、自分自身の生活や価値観を尊重した生き方が難しくなるような心理的、社会的な壁だ。

アイデンティティの壁は、国家、民族、文化的集団などに対する帰属意識の不安定さを生む否定や支援のない状態や周囲・社会との関係性である。そして「心の壁」とは、外国人への顕在的・潜在的な差別・偏見などである。

こうした外国人としての壁とは別に、難民の場合にはさらにさまざまな壁に直面する（図0-3）。

まず、難民申請関連の用語理解や自分の意見表明の難しさが言葉の壁となる。また、申請者への生活支援制度の不足も、難民の生活を不安定にさせる。文化については、難民となる要因になった文化的要素への無理解が受入れ国にあったりする。また、その国の出身者であることを言えない、言いづらいことは、特に子どもや若者にとってはアイデンティティの壁となる。

(2) インドシナ難民の受入れのその後

日本では、難民の受入れの歴史は短いわけではない。日本は、1970年代に、いわゆるインドシナ難民の受入れを行った。これは難民受入れでは歴史的にも大きな動きだが、その後、彼らは日本でどのような人生を送ってきたのだろうか。

結論からいうと、彼らの多くの人生は厳しいものだった。もともと、日本における外国人の貧困率は高いのだが、その貧困層の中には、インドシナ系の元難民の人びと（日本国籍者も多い）も含まれる（宮島 2013）。また、難民が社会から取り残された状態で生活をしている実態も、いくつかの調査からわかっている。例えば、ベトナム難民18名に対して行われた聞き取り調査では、高齢者は、来日してから平均約17年経過していたにもかかわらず、日常生活で不自由なく会話できる人は5名（29%）、読み書きできる人は3名（17%）のみで、16名（89%）が生活保護を受給中となっていた。そして、インドシナ難民でうつ傾向を示す高齢者の割合が高かったことも、同調査により明らかにされている（瀧尻・植本 2015）。

　ベトナム難民女性を対象とした調査では、女性たちが非正規雇用での就労が多く、困ったときの相談相手が私的なネットワークへの偏りがみられるなど、男性以上に社会統合が困難な様子があったことが報告されている（国際移住機関 2008）。そして、日本で生まれ育ったインドシナ難民の子どもたちは、日本語の遅れと母国を大事にする親との間での葛藤、居場所のなさ、将来への不安により、社会で周縁化したことも指摘されている（川上 2022）。

(3)　日本で難民を支援するということ

　インドシナ難民のその後の状況は、日本の難民支援が成功といえるのか、ということでいえば課題も多いことを示している。そして、インドシナ難民を受け入れた当時より今に至るまで、日本は、諸外国に比較しても難民の受入れにおいて積極的とはいいがたい。難民認定者数は世界に比較してとても少ないし、非正規滞在の難民申請者に対する入国管理局の外国人収容センターの処遇環境や仕組みは、何度も国連が懸念を示している。

　日本では、難民が少ないこともあり、難民支援の経験が豊富な人と出会うことが難しい。そうなると、自分の支援実践が正しいのかを確認する手立てがなく、不安になる。その結果、難民支援が手を出しにくいものになってしまう、という形でハードルが上がってしまう。こうしたさまざまな事情は、日本の支援者が経験する、難民支援の難しさや心もとなさを生み出しているように思う。

3　本書のテーマ

(1)　本書の構成

　本書は、日本での難民がおかれている状況、その状況を生み出している仕組み、そして難民の生活の実態を共有し、私たちができることは何かを考え

ることができることを意識して構成されている。そして、難民を取り巻く仕組みや実情について（第Ⅰ部）、難民の生活の実態や支援の現実について（第Ⅱ部）、そして支援側に求められることは何か（第Ⅲ部）という3点に焦点をあてた構成になっている。ここでは、簡単に各章を紹介しよう。

　第1章では、日本が受け入れてきたインドシナ難民・条約難民・第三国定住難民、それぞれの定義、実態、現状の課題などを紹介している。この3類型の難民の理解を通して、難民の捉え方について考える。第2章では、「どのように難民となるのか」についてである。ここでの難民とは、制度上の難民である。具体的には、難民認定制度について、手続きの仕組み、流れについて説明する。第3章では、世界における難民の実情、国際社会での難民の受入れや支援について紹介している。ニュースで断片的に目にする難民の実際の状況を統計データなどを示しつつ、国連難民高等弁務官事務所の役割、世界での難民保護の動きを概観している。

　次に第Ⅱ部について、第4章では、難民の生活や支援の事例を紹介しつつ、日本での難民の生活の様子を紹介している。難民といっても、単身の人もいれば、子どもを育てながら子どもとともに難民の状態になっている人もいる。個々の状況は大きく異なるため、すべての状況を示すことはできないが、複数の事例からは、彼らの実際の生活の様子が伝わるのではないかと思う。第5章は、難民申請者でかつ非正規滞在、いわゆるオーバーステイの状態におかれている人たちに焦点をあてる。難民申請者の中には、在留資格を持たない状態、つまり非正規滞在となる人も少なくない。彼らは、どのように非正規滞在となるのか、そして非正規となることが、難民申請者にどのような制約を生み出しているのか、さらに、その厳しい状況の中で難民申請者がどのように生き延びているのかについても紹介している。

　第6章は、難民の認定と関わる課題としての公的支援、そして民間支援の実情と課題についての報告である。難民は、認定されればその後は社会ですぐに自立生活を送ることができるわけではない。申請中、そして認定後も支援なしに生活を構築するのはとても困難だ。そうした難民や難民申請者に対する公的支援や民間支援について、実情と課題を示している。

　第Ⅲ部としては、第7章では、支援者として大事な姿勢や関わりについて考えていく。難民や難民申請者に対し、どのような姿勢や価値観、態度で関わることが大切なのか、ソーシャルワークの理念に基づいて解説している。第8章は、「地域社会として難民をどう受け入れていくのか」がテーマである。難民の受入れは、政府による十分に準備された状態で行われるものではない。そうした中で、地域で難民をどう受け入れていくのか、そして生活者となるまでの道筋を支えるのかについて、アフガニスタンからの難民を例として、考える章となっている。第9章では、地域で生活を営む難民が、どのように地域社会で共に生きることができるのか、について、ムスリム女性の日本語教室の事例をもとに、参加、コミュニティ、ソーシャルワーク、という観点をふまえて考えていく。

(2) 私たちができることはたくさんある

　2022年2月にロシアによるウクライナへの侵攻があり、ウクライナの人びとの苦境に心を動かされた人は多いだろう。その後、ときは流れ、11月24日に、サッカーワールドカップで日本はドイツに勝利し、翌日のテレビ番組は、試合のニュースで埋め尽くされた。同じ日に、ウクライナではライフラインの攻撃により市民が死亡し、全面停電となっているというニュースが、雪景色のウクライナの街の様子とともに小さく報道された。そして同日、アフガニスタンやミャンマーについてのニュースはあまりなかった。

　日本では、難民のニュースは確かに増えた。しかし、それは世界での出来事が多くを占めており、日本での難民についてのニュースは多いとはいえない。しかし、日本にも難民は存在する。見えていないだけだ。

　こうしている今も、トルコでの大地震でシリア難民がより直面している強い差別、バングラデシュでの難民キャンプでの大規模な火災、スーダンの内戦により激増した難民のニュースが報道されている。こうした社会にあって、私たちが日本で、今暮らす場所でできることは何だろうか。

　本書では、専門家やプロの支援者による事例の紹介や提言が多く含まれる。

実際、支援に携わっている人は、支援のプロであるソーシャルワーカーであることが多い。プロのソーシャルワーカーも、海外での生活経験者、社会福祉士の国家資格を持つ人、政治や国際情勢を学んできた人などさまざまだ。こうした人たちでなければ支援はできないのか。答えはノーである。地域に暮らす生活者ができること、地域に暮らす一人の人間だからこそできることは多くある。なぜなら、そこにいるのは難民申請者、そして難民であると同時に、日常生活を送る生活者でもあるからだ。難民は、難民に認定されればすべて問題が解決するわけではない。地域での環境次第では、難民、つまり居場所を失った人びとであり続ける。生活者として経験する多くの制約や困難に寄り添うことも難民支援である。それができるのは、地域に暮らす私たちなのだ。

　まず、難民のリアル、つまり日本、そして世界での実情や難民保護・支援の仕組み、そして生活の様子を知っていくことから始めていくことが第一歩だろう。その先に、私たちができることがよりクリアに見えてくる。

■文献

川上郁雄（2022）「インドシナ難民の子どもの過去・現在」荒牧重人他編著『外国人の子ども白書【第2版】』明石書店，35–36頁

瀧尻明子・植本雅治（2015）「在日ベトナム人高齢者の生活と健康状態に関する研究」大阪市立大学大学院看護学研究科編『大阪市立大学看護学雑誌』11号，11–20頁

宮島喬（2013）「外国人の子どもにみる三重の剥奪状態」法政大学大原社会問題研究所編『大原社会問題研究所雑誌』657，3–18頁

第Ⅰ部

難民を取り巻く
仕組みや実情

第 1 章

日本に暮らす
難民の捉え方

荻野剛史

　日本は他国と地続きではないという地理的な条件などによって、他国、特に欧米各国と比べると、難民（および難民としての保護を求める人びと）に対する保護・支援や住民としての受入れ経験は少ない。しかし、1970年代のインドシナ三国（ベトナム・ラオス・カンボジア）の政変により生じたインドシナ難民の定住受入れに始まり、条約難民、第三国定住難民と、大別して3種の難民の定住を受け入れてきた。もっとも、他国に先駆け積極的に難民を受け入れてきたとは言えず、いくつかの課題がある。

　本章では、これまで日本で受け入れてきた3類型（インドシナ難民・条約難民・第三国定住難民）の難民それぞれの定義、実態、現状の課題などを紹介する。そして難民を捉える視点について述べる。

1　インドシナ難民

　ベトナム戦争が終結した1975年、インドシナ三国では政変が生じた。この政変になじめず、あるいは政変によって迫害を受けた・受ける恐れがあった人が難民として祖国から逃れた。これらの人びとを総称してインドシナ難民と呼び、流出元国により、ベトナム難民・ラオス難民・カンボジア難民と呼ぶ。

　祖国からの脱出を決めたインドシナ難民は船で、徒歩で、後述する「ODP」の場合は飛行機を利用して周辺各国に逃げた。船で逃れた人を「ボートピープル」、陸路を歩いて逃れた人を「ランドピープル」というが、いずれの方法も安全・快適・確実とは程遠い状態での祖国脱出だった。

　現代であれば「船で外国に渡る」と聞くと、ある種ぜいたくで、優雅な船旅を想像するかもしれない。しかしインドシナ難民の場合は祖国脱出自体が非合法であり、優雅とは正反対だった。**写真**は、祖国を脱出して海上で助けを求めているボートピープルである。この写真から、客船ではなく相当に老朽化した船であり、いつ浸水してもおかしくない状況にあること、そして手を振って助けを求めていることがわかる。ランドピープルの場合も似たよう

写真　祖国を脱出して海上で助けを求めている
ボートピープル（©UNHCR/B.Boyer）

な状況であり、誰にも見つからないよう細心の注意を払いながら安全な場所、難民キャンプなどまで徒歩で移動したとされる。つまり、インドシナ難民は着の身着のまま、チャンスをとらえて命を懸けて祖国を脱出したのである。

　表1-1は、インドシナ三国から脱出し、他国（第一次庇護国。当面の間の保護を提供する国）に到達したインドシナ難民の数である。

　データ入手の制約により1995年までの数値となっているが、**写真**のようなボートでベトナムから逃れた膨大な人のうち、79万6310人がマレーシア、タイ、香港、マカオ、そしてインドネシア、フィリピン、シンガポール、さ

表 1-1　第一次庇護国／地域別・インドシナからの到着数（単位：人）

第一次庇護国／地域	1975-79	1980-84	1985-89	1990-95	累計 1975-95
ベトナム・ボートピープル					
香港	79,906	28,975	59,518	27,434	195,833
インドネシア	51,156	36,208	19,070	15,274	121,708
日本	3,073	4,635	1,834	1,529	11,071
韓国	409	318	621	0	1,348
マカオ	4,333	2,777	17	1	7,128
マレーシア	124,103	76,205	52,860	1,327	254,495
フィリピン	12,299	20,201	17,829	1,393	51,722
シンガポール	7,858	19,868	4,578	153	32,457
タイ	25,723	52,468	29,850	9,280	117,321
その他	2,566	340	321	0	3,227
小計（ボートピープル）	311,426	241,995	186,498	56,391	796,310
タイ（陸路）	397,943	155,325	66,073	20,905	640,246
カンボジア人	171,933	47,984	12,811	4,670	237,398
ラオス人	211,344	96,224	42,795	9,567	359,930
ベトナム人	14,666	11,117	10,467	6,668	42,918
合計（ボートおよび陸路）	709,369	397,320	252,571	77,296	1,436,556*

注：この他、インドネシア、マレーシア、フィリピンに到着した 2,163 人のカンボジア人がいる。
出典：Office of the United Nations High Commissioner for Refugees=2001: 98

らには日本、韓国にまで到着した。またベトナム・ラオス・カンボジアから陸路を通じて64万246人が陸路でタイに到達した。

　以上の過程を経て祖国を脱出したインドシナ難民は、インドシナ半島から遠く離れた日本にも到来した。1975年5月12日、海上で救助されたベトナム難民が初めて千葉港に到達した（内閣官房インドシナ難民対策連絡調整会議事務局 1996）。これがインドシナ難民の初めての日本到達である。その後も続々とボートピープルが到達したが、政府は彼らをひとまず「水難者」として上陸を認め、実際の保護は日本赤十字社や宗教団体等の民間団体が担った。当時は、法律上難民は想定されておらず、また難民条約（後述）を批准していなかったため、彼らの日本定住は認められることなく、彼らは米国などのインドシナ難民の定住を受け入れている国に移動した。

　その後、1978年の閣議了解によって日本定住の道が開き、2005年末までの間、1万1319人のインドシナ難民が、日本での定住を選択、実現した。

　表1-2は日本に定住したインドシナ難民の来日経路別人数である。「国内」は、前述のボートピープル、つまり自力または途中海上で救助されて日本に到達した人数を指す。「海外」は海外の難民キャンプで保護されていたインドシナ難民を日本政府が受け入れた人数、「元留学生」は以前より留学生として日本に在留し、前述の政変を理由に帰国できなかった人の数、「ODP」は合法出国計画（Ordinally Departure Program）に基づき、すでに来日しているインドシナ難民に呼び寄せられた人数であり、インドシナ難民の新規の定住受入れが終了した2005年末までに、1万1319人のインドシナ難民が日本での定住を決意、実現させた（なお、1975年前後に生じた事象によって2000年代まで難民が発生することに違和感を持つ読者もいるかもしれないが、2000年代の788人

表 1-2　日本におけるインドシナ難民の定住状況（来日経路別）（単位：人）

年	1978〜79年	〜1989年	〜1999年	〜2005年	計
国内	5	2,854	892	1	3,536
海外	92	2,717	1,670	110	4,372
元留学生	0	742	0	0	742
ODP	0	484	1,587	677	2,669
合計	97	6,741	4,152	788	11,319

出典：公益財団法人アジア福祉教育財団難民事業本部（更新年不明 a）より筆者作成

の多くは「ODP」、つまりすでに日本で暮らしているインドシナ難民が彼らの家族を呼び寄せたケースである）。

　インドシナ三国の安定化により、難民としては稀な祖国帰還を果たした人もいるとされる。加えて他国に移住したり、時の経過によって他界した人もいるため、現在（2022年）では、1万1319人よりも少ないインドシナ難民が日本で生活している。

　最後にインドシナ難民に関わる近年の課題として、高齢化にまつわる問題について述べる。前述の通り、1978年から本邦定住が始まっている。仮に、1978年の時点で30歳の人が日本での定住を決断し、今日まで日本で暮らしているとすると、現在では70歳を超えていることになる。この年代になれば医療や介護サービスへの依存度が高くなることは不思議ではない。実際に、18人の在日ベトナム人（ボートで来日、または前述のODPとして来日したベトナム難民）に対して2006年に滝尻らが行った調査では、調査時点で78%の人が医療機関を利用しており、またうつ傾向が高かったことが明らかにされている（滝尻ら 2015）。日本におけるインドシナ難民の受入れでは、北から南まで、広い範囲に定住場所が定められた。このため、インドシナ難民の集住地は関東と関西を除くとほとんどなく、この結果、ベトナム人・ラオス人・カンボジア人が主たる利用者となっている介護施設は管見の限り存在しない。このため言語や文化が異なる環境で介護サービスを利用せざるを得なかったり、介護サービスの利用を拒否するなど、介護サービスが適切な形で届いていない、という課題が存在している。

2　条約難民

　条約難民とは、端的には難民条約（難民の地位に関する条約及び難民の地位に関する議定書の総称）に定める難民の定義を満たした人びとを指す。この条約では、難民を「人種、宗教、国籍もしくは特定の社会的集団の構成員であることまたは政治的意見を理由に迫害を受けるおそれがあるという十分に理由

のある恐怖を有するために、国籍国の外にいる者であって、その国籍国の保護を受けられない者またはそのような恐怖を有するためにその国籍国の保護を受けることを望まない者」としており、以下の4点が含まれる（荻野 2013）。

①その人が、迫害を受けるおそれがあるという十分に理由のある恐怖を有している。

②その人が、国籍国（常居所国）の外にいる。

③その人が、国籍国（常居所国）の保護を受けることができないか、国籍国（常居所国）の保護を受けることを望んでいない。

④「迫害を受けるおそれ」の理由が、「人種」「宗教」「国籍」「特定の社会的集団の構成員であること」「政治的意見」のいずれかであること。

注：常居所国とは、常時在住していた国を指す。

　②～④は比較的わかりやすいが、①は「自分が難民である」と主張する人が「迫害を受けるかもしれない」という恐怖を持っていることに加え、その恐怖が客観的な状況により裏付けられる必要があることを示している（国連難民高等弁務官（UNHCR）駐日事務所 2015）。もっとも、①～④を満たしたといって自動的に難民としての保護や支援を受けられるわけではなく、実務的には難民として保護を求めた先の国の政府（例えば、日本に保護を求めた場合は日本政府〔法務大臣〕）により、前述の難民の定義を満たしていることを確認された人びとが、難民としての保護・支援を受けられる。

　日本は前述のインドシナ難民の定住の受入れを契機に、1982年に難民条約を批准して条約難民の定住受入れを開始することとなった。これに伴い関係諸法の整備が行われたが、その一環として、当時の「出入国管理令」が「出入国管理及び難民認定法」に改定された。この法律により、日本で条約難民としての保護を求める人は、法務大臣宛に「難民認定申請」を行うこととなった（この段階で「難民認定申請者（以下、申請者）」となり、一定の条件を満たすことで支援を受けられる――後述）。その後所定の審査が法務省内で行われ、次の①～③のうちいずれかの結果が申請者に通知される。①難民として認定。

表 1-3　日本における難民庇護の状況等（単位：人）

	申請者数	難民		その他の庇護	難民および その他の庇護合計
		定住難民	条約難民		
1978 〜 79 年	0	97	0	0	97
1980 〜 89 年	864	6,285	194	0	6,479
1990 〜 99 年	1,099	4,149	49(5)	116	4,314
2000 〜 09 年	6,722	788	295(68)	1,267	2,350
2010 〜 19 年	72,858	194	256(64)	1,282	1,732
2020 〜 21 年	6,349	0	121(10)	624	745
合計	87,892	11,513	915(147)	3,289	15,717

注：「定住難民」の一部は、難民条約上の難民認定を受けた人もいる。このため一部、「定住難民」と「条約難民」が重複
　　しているケースがある。カッコ内は一次審査に対する不服申立てにより難民認定された数（内数）である。
出典：法務省（更新年不明）より筆者作成

　この場合は安定した在留資格が付与され、その後も日本に滞在・生活できる
ようになる。また日本の生活で必要な知識等に関する教育や、手当等を受け
ることができる。②不認定。この場合は日本での永続的な滞在は困難となる。
③人道配慮による在留許可。これは難民条約上の難民には該当しないものの、
その置かれた状況を考慮して人道的な配慮として一定期間日本での在留が認
められるものである。

　表1-3は、近年の難民認定の申請・認定等の人数である。

　本表中の「定住難民」とは、前述のインドシナ難民や第三国定住難民、つ
まり日本政府による個別の難民認定を受けていない人びとを指す。一方「条
約難民」とは、前述した法務大臣による難民認定を受けた人びとの数を示す。
また「その他庇護」は、前述の人道配慮による在留許可などが含まれる。日
本で難民認定制度が開始された1978年は「定住難民」、すなわち当時のイン
ドシナ難民だけであったが、それ以降年を追うごとに申請者数が増加、
2010年代は7万2000人を超えている。

　最後に、条約難民に関わる課題を紹介する。第一に、難民認定率の「低
さ」に関わる問題である。しばしば日本内外から、日本の難民認定率の低さ
が問題視されることがある。表1-4は、難民認定数等の国際比較である。

　表1-4は、G7各国（カナダ、フランス、ドイツ、イタリア、日本、英国、米国）
の2012 〜 2021年における難民認定数・補完的保護数・不認定数・その他

表 1-4　難民認定数・不認定数等の国際比較（2012 ～ 2021 年）（単位：人）

	認定数 (A)	補完的保護数 (B)	不認定数 (C)	その他中断 件数 (D)	総処理数 (E)	認定・保護率 (%)（参考）
カナダ *	158,339	0	124,773	35,244	318,243	49.8
フランス	214,412	109,696	954,710	78,993	1,357,811	23.9
ドイツ	815,884	504,124	1,085,225	981,585	3,386,818	39.0
イタリア	51,023	171,176	371,763	14,570	608,532	36.6
日本 *	303	1,254	84,149	21,823	108,761	1.5
英国	122,021	15,155	190,180	51,423	378,779	36.3
米国	257,497	2,294	362,216	444,898	1,066,905	24.4
合計	1,619,479	803,699	3,173,016	1,628,536	7,225,849	33.6

注：新規申請に加えすべての審査手順における数を含む（よって日本について表 1-3 の数値とは一致しない）。一部当該
　　国政府発表のデータに代え、UNHCR 推計のデータが用いられている。* の国は統計の取り方により、(A) ～ (D) の合
　　計と (E) の数値が一致しない。また、「補完的保護」は第 3 章参照。
出典：UNHCR（更新年不明）より筆者作成

中断件数である。また右端の認定・保護率（参考）は、総処理数（E）に占め
る（A）と（B）の合計の割合、つまり総処理数に対する何らかの保護が与え
られた人数の割合である。他国と比較すると日本の総処理数自体が少なく、
また認定・保護率も圧倒的に低いことがわかる。難民認定の審査を行う法務
省が難民条約上の難民の定義を極めて厳密に解釈して、言い換えれば「難
民」の定義を狭く捉えていることが認定率の低さであると指摘されている。
確かに、時の首相が「日本は移民政策を採らない」と言ったり、世論調査
（例えば、内閣府大臣官房政府広報室：更新年不明）から垣間見える難民に対する
一般市民の意識に合う部分もあり、ある意味納得できる主張でもあるものの、
他国と地続きではないという地理的な条件や（報道によれば）日本で短期間
でも就労するために、この制度を乱用している申請者もいるとされ、実際に
難民認定率が低い（本来難民として認定すべき人を認定していない）かどうか、
わからない。

　このような問題が生じる背景には、難民問題のセンシティブさがある。難
民保護にあたって、難民認定を受けた人（認定者）や申請者の存在を本国
（国籍国・常居所国）政府に知らせない、という大原則がある。認定者や申請
者と本国政府とは敵対関係にあり（難民条約上の「難民」の定義を思い出してほ
しい）、認定者・申請者の存在が本国政府に知られることで、迫害にさらさ
れることがある。このため難民保護にあたっては認定者・申請者の情報は広

く公開できないという事情がある。したがって、日本の難民認定率の「低
さ」が難民認定の仕組みから生じているのか、実際を表した数値なのか明確
とはなっておらず、他国と比較した場合の日本の難民認定率の低さが問題な
のか否か、この点が明確になっていないのである（なお出入国管理行政一般に
は、例えば収容施設の収容者に対する施設内での処遇などにおいて、大きな問題が存
在していることに留意が必要である）。

　第二に、難民認定申請中・難民認定後における支援に関する課題がある。
日本政府は申請者・認定者に対し、必要に応じて支援を提供している。申請
者に対しては日々の生活費（大人の場合は1600円／日）、住宅費、医療費が4
か月間を上限に給付される[1]（公益財団法人アジア福祉教育財団難民事業本部：更
新年不明b）。また認定者に対しては、日本語教育・日本での生活ガイダンス
に関わる教育及びこの間の生活費、医療費、住宅費の支給、希望者に対する
就職あっせん、これらのプログラム終了時における一時金の給付などがある
（公益財団法人アジア福祉教育財団難民事業本部：更新年不明c）。これらはいずれ
も貴重な支援ではあるものの、申請者に対する支援に関し、その給付期間
（4か月間）は難民認定の標準処理期間を大きく下回っている（直近のデータ
〔2019年4〜6月〕の平均処理期間は、458日となっている（出入国在留管理庁
2019））。このため残りの期間の生活費は申請者が自分で工面するか、または
他の団体等に援助を求めるといった、必ず安定した生活の保障が得られると
は限らない形となっている。また認定後の支援に関し、荻野による2012年
の指摘によれば、スウェーデンでは難民と認定された人に対して最長で
2250時間の語学教育がなされている（荻野 2012）が、一方日本の場合は572
授業時間（45分／授業時間）、すなわち429時間に過ぎず、スウェーデンと比
較した場合、5分の1以下の教育時間となっている。

3　第三国定住難民

　現在、世界には難民キャンプ、すなわち何らかの理由で国籍国・常居所国

から避難した人びとを収容するための施設が数多く存在している。難民キャンプは避難の原因となった問題が解決するまで一時的に設置されているものであるが、難民が発生するような大きな問題の解決には年単位、数十年単位の時間を要し、避難してきた難民と難民キャンプ受入れ国で問題が生じる。難民にとっては、人生のうちの長い期間、一般的な就学や就業といった通常の生活が困難になるという問題が生じる。また難民キャンプ受入れ国にとっては、キャンプが設置されている間の負担は大きく、国際的な問題によって生じた難民の発生という事象に対する負担を一国で担う、という不平等の状態に置かれることになる。

　これらの問題を減らすための国際的な仕組みが第三国定住であり、この仕組みにより国籍国・常居所国や難民キャンプ設置国以外の国で難民として暮らす人びとを第三国定住難民と呼ぶ。日本の場合、2010 年度からパイロットケースとして、タイ王国内に設置の難民キャンプに滞在中のミャンマー難民を第三国定住難民として受け入れた。また 2020 年度からはマレーシアに滞在していたミャンマー難民と、すでにタイ国から受け入れた第三国定住難民の親族を、さらに 2022 年度からは広くアジア諸国から受け入れている。**表 1-5** は日本が受け入れた第三国定住難民の数であり、2023 年 4 月現在で、90 世帯 250 人を受け入れた。

　第三国定住難民に関わる課題として、彼らの日本での生活状況に関する情報の少なさがある。**表 1-5** の通り受入れ人数自体が少数であることに加え、彼らの日本における生活のありようは、まれに報道等がなされる程度である。プライバシー保護の点から関係当局が積極的な情報公開をしないということ

表 1-5　第三国定住ミャンマー難民受入れ数（単位：人）

第 1 陣	2010 年	5 家族 27 人	第 8 陣	2017 年	8 家族 29 人
第 2 陣	2011 年	4 家族 18 人	第 9 陣	2018 年	5 家族 22 人
第 3 陣	2012 年	辞退	第 10 陣	2019 年	6 家族 20 人
第 4 陣	2013 年	4 家族 18 人	第 11 陣	2020 年	4 世帯　6 人
第 5 陣	2014 年	5 家族 23 人	第 12 陣	2021 年	16 世帯 29 人
第 6 陣	2015 年	6 家族 19 人	第 13 陣	2022 年	20 世帯 21 人
第 7 陣	2016 年	7 家族 18 人	合計		90 世帯 250 人

出典：外務省（2023）より筆者作成

は十分に理解できるものの、公私による、より効果的な支援体制の構築にあたっては、プライバシーに十分配慮しつつ、一定の情報公開が求められる。

4　難民を捉える視点

　以上、類型の難民について述べたが、次に彼らを捉える視点について述べる。

　まず、彼らを取り巻く国際社会や祖国、さらには彼らを難民を受け入れる国や受入れ地域など、マクロ～ミクロ的な環境から大きな影響を受けた人びと、と捉える視点が必要である。難民は、祖国で日々学び、働くなど、ごく普通に日常生活を送っていた人びとである。しかし多くの場合、彼らは祖国からは迫害など生死に関わる否定的な影響を受けて難民となり、一方現在の定住国である日本からは定住できる資格（在留資格）や一定の保護などを受けることで難民として生活している。言い換えれば、難民は彼らを取り巻くマクロ的な環境、すなわち国際社会や祖国から途方もなく大きな影響を受けた人びとである。また現在のメゾ・ミクロ的環境である生活環境からは十分な支援を受けられていないかもしれないし、職場や学校、地域住民から差別的な扱いなどの否定的な影響を受けているかもしれない。逆に、隣近所の人から手厚い支援など、彼らの生活の再構築に役立つ支援を受けているかもしれないなど、メゾ・ミクロ的な環境からも影響を受けている人びとと捉える必要がある。

　一方、難民を環境からの影響を受け続けている人、言い換えれば受身に甘んじている人、と捉えるのは十分な見方ではない。インドシナ難民・条約難民・第三国定住難民とも危険を顧みず祖国を脱出するという、生き続けるために自己決定をした人と捉えることも必要である。難民は強制性の高い国際移住を行った人びとであるが、移動中に生じうる大きな危険・困難を顧みず、祖国を離れる判断を自発的に行った、生き続けることをあきらめなかった、という強い主体性も捉える必要がある。

　さらに人生の回復を試みている人、と捉える視点も必要である。前述の通り、難民はマクロ的な環境から途方もない影響を受け人生が大きく変わってしまった人びとではあるものの、日本での生活で再びごく普通の日常生活を送っている・送ることを試みている人である。実際に日本到着当初はさまざまな援助をさまざまな主体から受けてきたインドシナ難民は、来日当初から近年に至るまで、彼らが居住している地域社会に対して、または彼らの祖国に対して何らかの社会貢献活動を行うなど（荻野 2022）、自分や家族などの人生の回復を試みている。

　以上、難民を捉える視点を3点ほど述べた。彼らに対する支援などで難民と接する際は、これらの点から彼らを理解する必要がある。

　難民問題において、「言語も文化も違う人びとの定住を受け入れることは難しい」といった主張が見られる。しかし本章で述べた通り、日本はインドシナ難民・条約難民・第三国定住難民の定住を受け入れてきた経緯があり、彼らの多くは現在安定した生活を送り、また地域社会に対して何らかの寄与・貢献をする存在ともなっている。

　難民発生国を難民が帰還できる状態にすること、難民に対して他の国で安定した生活環境を準備すること——これらが難民問題解決の方法と考えられる。これらを実現させるための方法の構築・実践が日本を含む国際社会に求められている。

■注
1）例外はあるものの、難民認定申請を提出してから6か月間が経過したあとは、日本での就労が認められる（詳細は第6章を参照）。

■文献
外務省（2023）「第三国定住事業の概要」（https://www.mofa.go.jp/mofaj/files/000343330.pdf, 2023.5.3）
法務省（更新年不明）「我が国における難民庇護の状況等」https://www.moj.go.jp/isa/content/001372237.pdf（2022.12.21）
国連難民高等弁務官（UNHCR）駐日事務所（2015）「難民認定基準ハンドブック——難

民の地位の認定の基準及び手続に関する手引き」改訂版，第4版　https://www.unhcr. org/jp/wp-content/uploads/sites/34/2017/06/HB_web.pdf（2022.12.9）

公益財団法人アジア福祉教育財団難民事業本部（更新年不明a）「日本に暮らす難民」 https://www.rhq.gr.jp/ukeire/（2022.12.21）

公益財団法人アジア福祉教育財団難民事業本部（更新年不明b）「難民認定申請者に対す る支援（案内）」https://www.rhq.gr.jp/wp-content/uploads/2020難民認定申請者に対す る支援（案内）日本語版.pdf（2022.12.21）

公益財団法人アジア福祉教育財団難民事業本部（更新年不明c）「定住支援プログラム」 https://www.rhq.gr.jp/support-program/（2022.12.22）

内閣府大臣官房政府広報室（更新年不明）「基本的法制度に関する世論調査」https:// survey.gov-online.go.jp/r01/r01-houseido/2-3.html（2022.12.21）

内閣官房インドシナ難民対策連絡調整会議事務局（1996）「インドシナ難民受入れの歩み と展望──難民受入れから20年」

Office of the United Nations High Commissioner for Refugees（2000）*The state of the world's refugees 2000: fifty years of humanitarian action*（＝UNHCR日本・韓国地域事務所広報室 訳編（2001）『世界難民白書2000──人道行動の50年史』時事通信社）

荻野剛史（2012）「わが国の難民等に対する定住促進のための公的援助における課題── スウェーデンにおける公的援助との比較をつうじて」『東洋大学社会福祉研究』5, 28–35頁

荻野剛史（2013）『「ベトナム難民」の「定住化」プロセス──「ベトナム難民」と「重要 な他者」とのかかわりに焦点化して』明石書店

荻野剛史（2022）「滞日インドシナ難民による社会貢献活動」『東洋大学社会学部紀要』 60（1），5–16頁

出入国在留管理庁（2019）「難民認定審査の処理期間の公表について」https://www.moj. go.jp/isa/publications/materials/nyuukokukanri03_00029.html（2022.12.21）

瀧尻明子・植本雅治（2015）「在日ベトナム人高齢者の生活と健康状態に関する研究」 『大阪市立大学看護学雑誌』11，11–20頁

UNHCR（更新年不明）*Refugee Data Finder*（https://www.unhcr.org/refugee-statistics/, 2022.12.21）

第 2 章

日本の
難民認定制度とは

原口美佐代

　本章では、第1章の内容を振り返りながら、「出入国管理及び難民認定法」（以下、入管難民法）に基づく日本での難民認定制度について確認することを主たる目的とする。本書第Ⅱ部以降に述べられている「難民認定を受けた外国人」もしくは「難民認定申請中の外国人」さらには、「難民としての認定を受けることができなかった外国人」の日本での生活状況や困難、生きづらさを考察し理解するうえで必要な基礎知識の一部として学んでほしい。

1　受入れの仕組み

（1）日本における難民受け入れ

　第1章で述べられているように、難民の法的保護、地位など難民についての基本的な国際ルールは、1951年に国際連合で採択された「難民の地位に関する条約」（以下、「難民条約」）および「難民の地位に関する議定書」（以下、「難民議定書」）（1967年発効）で規定されている。再度確認すると、難民条約では、難民を「人種、宗教、国籍もしくは特定の社会的集団の構成員であること又は政治的意見を理由に迫害を受けるという十分に理由のある恐怖のために、国籍国の外にいる者であって、その国籍国の保護を受けられない者又は受けることを望まない者及び常居所を有していた国の外にいる無国籍者であって、その国に帰ることを望まない者」としている。

　ではここで、第1章の復習を兼ねて「難民クイズ」にチャレンジしてみよう。

難民クイズ

問題1．難民条約に規定されている難民とはどんな人でしょう？
　　　A．自分の国が貧しいから、より良い暮らしをしたいので、外
　　　　　国へ行った人
　　　B．政府を批判する新聞を書いたから、命が危なくなったので、
　　　　　外国へ逃げた人
　　　C．戦争が激しくなったから、外国へ逃げた人

問題2．インドシナ難民が初めて日本へ到着したのは、何年でしょ
　　　　う？
　　　A．1975年　　　B．1982年　　　C．2010年

問題3．第三国定住難民とはどんな人でしょうか？
　　　A．自分の国が貧しいから、より良い暮らしをしたいので、別
　　　　　の国へ行った人
　　　B．母国を逃れて、海外の難民キャンプで保護を受けている人
　　　C．母国を逃れて難民となっているが、避難した国では保護を
　　　　　受けられないため、他の国が受け入れた人

　問題1の答えは「B」。「A」は一般に「移民」と呼ばれる人である。「C」
は、「避難民」と呼ばれる人で、日本では「ウクライナ避難民」が該当する。
ただし、難民条約上の難民ではないが、その他の地域条約や国連決議によっ
て「迫害」だけでなく、武力紛争のために難民として保護されるケースもあ
る。問題2の答えは「A」。日本が難民条約に批准する前の出来事である。問
題3の答えは「C」。
　日本における「難民」の受入れを理解するうえで不可欠な基礎知識となる
ため、以下について再度確認してほしい。

　日本における「難民」とは、法務大臣により「難民」と認められて定住許可を与えられた外国人をいうが、その受入れの歴史的経緯から、第1章で詳説されているように、日本では以下の3種類の「難民」が暮らしている。

①　1975年のベトナム戦争終結後、インドシナ三国（ベトナム、カンボジア、ラオス）で発生した政変に伴い祖国から逃れてきて、内閣の閣議了解に基づいて定住を許可された「インドシナ難民」。難民認定証明書は発給されていない。

　＊1978年〜2005年までの間で1万1319人受入れ

　＊国際社会からみたインドシナ難民問題は一応の終息を迎えたことから、受入れは終了している。

②　入管法に基づき難民認定申請を行って法務大臣から難民として認定された「条約難民」。難民認定証明書が発給される。

　＊2021年末の時点で915人認定

③　閣議了解により2010年からパイロットケースとして開始され2015年度以降は第三国定住事業として継続的な実施が決定したミャンマー難民等を対象とした「第三国定住難民」。難民認定証明書は発給されない。

　＊2023年4月までに90世帯250人受入れ

（2）インドシナ難民の立場

　ここで、①の日本におけるインドシナ難民の立場について、ソーシャルワーカーの視点から少し補足したい。インドシナ難民の定住受入れは、日本が難民条約に加入する以前から実施したという経緯から、入管難民法に基づいて認定を受けた難民とは異なり、「難民認定証明書」を交付されていない。また、本国からボートで脱出してきたという状況から、身分を公証する書類である旅券（パスポート）も所持しておらず、在日の大使館や領事館から婚姻や永住・帰化の手続きに必要な「国籍に関する証明書」や「婚姻要件具備証明書」の交付を受けることができない。1世だけでなく、海外の難民キャ

ンプや日本でインドシナ難民の両親から生まれた子どもたちも、両親が難民として国を脱出した経緯から本国に出生届が提出されておらず、国民としての登録がないため、本国からの各種証明書の発給を受けることができない。

　このような状況から、インドシナ難民が日本で生活するにあたり、さまざまな行政等の手続を行うにあたって、求められた書類が提出できないという困難に遭遇することになる。その場合、「(公財)アジア福祉教育財団難民事業本部(RHQ：Refugee Assistance Headquarters)(以下、RHQ)」が発給する定住経歴証明書等を添付して申述書を提出して理解を得る等の対応が求められている。ただし、定住経歴証明書は、日本で出生したインドシナ難民2世には一部を除き発給されない。なお、インドシナ難民については、政府内の合意により、難民条約に基づいて認定を受けた難民に準じた取扱いをすることとされているが、インドシナ難民の受入れが終了して長い時間が経った現在もなお課題が生じている。

2　難民認定のプロセス

(1) 難民認定制度の法的枠組み

　日本に限らず、どの国の出入国管理に関する法律も、自国の国益にかなわない外国人を排除することに重点が置かれている。日本の出入国管理政策の基本的な考え方は、「出入国管理基本計画」に定められている。本計画は、出入国の公正な管理を図ることを目的として、入管難民法第61条の10に基づき、法務大臣が外国人の入国および在留の管理に関する施策の基本となるべきものを定めたもので、①本邦に入国し、在留する外国人の状況に関する事項、②外国人の入国及び在留の管理の指針となるべき事項、③外国人の入国及び在留の管理に関する施策に関し必要な事項を定めることとされており、第5次の計画は2015年9月に策定されている。

　支援の対象者すなわち「難民」と呼ばれる人びとがどのような法的枠組み

の中で成り立っているのかを理解することは、大変重要である。日本に暮らす「難民」を含めた滞日外国人を理解するうえで避けることのできない法的枠組みの中心となるのは「出入国管理及び難民認定法（入管難民法）」である。

　日本国憲法では、条約を誠実に遵守することを定めており（第98条第2項）、法の「優先順位」に基づき、「難民条約」のみならず、条約を批准した場合にはその条約に規定されている内容を国内に適用するための法律を制定することが求められている。

　日本における難民認定制度の始まりは、1982年1月1日施行の「出入国及び難民認定法」（以下、「入管難民法」）による。「難民条約」および「難民議定書」が日本において1982（昭和57）年に発効されたことに伴い、難民条約および難民議定書の諸規定を国内で実施するため、「出入国管理令」を「出入国管理及び難民認定法」に改正することによって難民認定制度が整備された。「入管難民法」に基づく難民認定制度では、難民である外国人は、難民認定申請を行い、法務大臣から難民であるとの認定を受けることができ、認定を受けた場合には難民条約に規定する難民としての保護を受けることができる。

　「入管難民法」でいう「難民」とは、難民条約第1条または難民議定書第1条の規定により定義される難民を意味し、それは、「1951年1月1日前に生じた事件の結果として、かつ、人種、宗教、国籍もしくは特定の社会的集団の構成員であることまたは政治的意見を理由に迫害を受けるおそれがあるという十分に理由のある恐怖を有するために、国籍国の外にいる者であって、その国籍国の保護を受けることができない者およびこれらの事件の結果として常居所を有していた国の外にいる無国籍者であって、当該常居所を有していた国に帰ることができない者またはそのような恐怖を有するために当該常居所を有していた国に帰ることを望まない者」等とされている。

　「入管難民法」に基づく難民認定手続とは、外国人がこの難民の地位に該当するかどうかを審査し決定する手続であり、「入管難民法」では、「第七章の二　難民の認定等」において第61条の2から第61条の2の14および「出入国管理及び難民認定法施行規則」第55条から第59条の2にわたり規定されている。

　以下に「入管難民法」に規定されている難民認定のプロセスについて、法律の主な条文を参照しながら概要を説明したい。

(2)　難民認定制度

1）難民認定申請（「一次手続」と呼ばれる）

> 　第61条の2　法務大臣は、本邦にある外国人から法務省令で定める手続により申請があったときは、その提出した資料に基づき、その者が難民である旨の認定（以下「難民の認定」という。）を行うことができる。
> 　第61条の2第2項　法務大臣は、難民の認定をしたときは、法務省令で定める手続により、当該外国人に対し、難民認定証明書を交付し、その認定をしないときは、当該外国人に対し、理由を付した書面をもつて、その旨を通知する。
> 　第61条の2の2第2項　法務大臣は、前条第一項の申請をした在留資格未取得外国人について、難民の認定をしない処分をするとき、又は前項の許可をしないときは、当該在留資格未取得外国人の在留を特別に許可すべき事情があるか否かを審査するものとし、当該事情があると認めるときは、その在留を特別に許可することができる。

　第61条の2第1項に規定されている通り、「難民の認定」は当事者からの法務大臣に対する「難民認定申請」によって始まる。具体的には、施行規則第55条に基づき地方入国管理局に出頭して以下の書類を提出および提示することにより難民認定申請を行う。

提出書類：

①「難民認定申請書」1通

　　ただし、無筆、身体の故障その他申請書を作成することができない特別の事情がある者にあっては、申請書の提出に代えて申請書に記載すべき事項を陳述することができる。申請書の様式は「初回申請用の難民認定申請書」と「再申請用の難民認定申請書」に分かれており、それぞれ多言語での申請書が以下の出入国在留管理庁のホームページからダウンロードすることができる。

　　https://www.moj.go.jp/isa/applications/procedures/nyuukokukanri03_00091.html

　　「難民認定申請書」に記載すべき内容については、氏名その他の身分事項以外に申請者及び家族の難民性を基礎づける事情等として22項目の質問に答える必要がある。

②「陳述書」1通

　　法律等に提出が義務として規定されているわけではないが、難民認定申請者（以下、難民申請者）が難民認定申請を行うにあたり、本国への帰国が不可能であること等、保護を必要としている具体的な事情を詳細に説明するものとして作成され、難民認定の審査においてはとても重要といわれている。

③「難民に該当することを証する資料」1通

　　難民申請者本人の活動状況や実際に受けた迫害に関する新聞記事や雑誌記事、難民申請者に対する本国政府の指名手配書や逮捕状等、本国に帰国した場合には迫害を受けることを証明する資料等であるが、提出する資料には日本語の翻訳を添付することが求められる。また、難民申請者が本国から脱出した時の状況その他事情で証拠となる書類を所持していない難民申請者も少なくない。

④「顔写真」2枚

⑤ 旅券または在留資格証明書を提示できないものは、その理由を記載した書類1通

提示書類：
① 中長期在留者は、旅券及び在留カード
② 特別永住者は、旅券及び特別永住者証明書
③ 中長期在留者及び特別永住者以外の者は、旅券または在留資格証明書
④ 仮上陸・特例上陸を受けて上陸許可書の交付を受けている者は、仮上陸・特例上陸許可書（入管法施行規則55条2項4号）

　上記提出書類のうち、①「難民認定申請書」の記載や②「陳述書」の作成においては、申請者本人が自力で作成することは困難なことも多く、難民申請者の依頼により弁護士や難民支援を行う団体等が支援を行うことが多いのが実情である。

　提出および提示した書類が確認され難民認定申請が受理された場合には、受理票が交付される。その後、出入国在留管理局の難民調査官によるインタビューが行われ、提出された書類やインタビューの内容等の申請者の個別事情の調査と本国の情勢等の調査を経て、難民申請者が「難民」に該当するかどうかの審査が行われた後、難民認定手続における第一次処分として、「認定・不認定」が決定される。難民と認定された場合には、法務大臣から「難民認定証明書」が交付され、難民と認定しない処分すなわち不認定処分が行われた場合には、通知書が交付される。

　また、難民と認定されない場合でも、入管法第61条の2の2第2項に基づき、「在留特別許可」により在留が特別に許可されて、「定住者」もしくは「特定活動」の在留資格が付与される場合もある。「難民と認定した事例等について」は、出入国在留管理庁のホームページ（https://www.moj.go.jp/isa/content/001372238.pdf）でその概要と判断のポイントが公開されているので、参照してほしい。なお、「令和3年における難民認定者数等について（出入国在留管理庁、令和4年5月13日、以下同じ）」によれば、一次審査の平均処理期間は約32.2月となっている。

2) 審査請求

> （審査請求）
>
> 第61条の2の9　次に掲げる処分又は不作為についての審査請求は、法務大臣に対し、法務省令で定める事項を記載した審査請求書を提出してしなければならない。
>
> 一　難民の認定をしない処分
>
> 二　第六十一条の二第一項の申請に係る不作為
>
> 三　第六十一条の二の七第一項の規定による難民の認定の取消し
>
> 2　前項第一号及び第三号に掲げる処分についての審査請求に関する行政不服審査法（平成二十六年法律第六十八号）第十八条第一項本文の期間は、第六十一条の二第二項又は第六十一条の二の七第二項の通知を受けた日から七日とする。
>
> 3　法務大臣は、第一項の審査請求に対する裁決に当たっては、法務省令で定めるところにより、難民審査参与員の意見を聴かなければならない。

　一次手続で不認定となり、その結果に難民申請者が不服の場合には、難民の認定をしない処分に対する不服申立てとして、法務大臣に対して審査請求を行うことができる。具体的には、不認定処分の通知を受けた日から原則7日以内に難民申請者もしくは代理人が法務大臣あてに「審査請求書」を提出する。「審査請求書」の提出後、審査請求の理由について詳述した申述書や証拠を提出することになる。その後、「口頭意見陳述」が開かれ（難民審査参与員[1]の判断で開かれないこともある）、難民審査参与員から法務大臣に対して意見書が提出された後、法務大臣が審査請求に対する認容（申請者の不服が認められる場合）もしくは棄却（申請者の不服が認められない場合）の裁決を行うこととなる。「令和3年における難民認定者数等について」によれば、2021（令和3）年の不服申立ての処理件数は7411人で、うち不服申立てに「理由あり」として難民認定された難民申請者は9人となっている。

3）不認定処分取消し訴訟

　一次手続および審査請求において、難民認定をしない処分および裁決がなされた場合には、申請者はその処分および裁決を知った日から原則として6か月以内に、行政事件訴訟法に基づく取消訴訟を提起することができる。これは、法務大臣が行った不認定処分の取消しを求める裁判である。

4）難民認定された場合

> （在留資格に係る許可）
>
> 第61条の2の2　法務大臣は、前条第一項の規定により難民の認定をする場合であって、同項の申請をした外国人が在留資格未取得外国人（別表第一又は別表第二の上欄の在留資格をもつて本邦に在留する者、一時庇護のための上陸の許可を受けた者で当該許可書に記載された期間を経過していないもの及び特別永住者以外の者をいう。以下同じ。）であるときは、当該在留資格未取得外国人が次の各号のいずれかに該当する場合を除き、その者に定住者の在留資格の取得を許可するものとする。

　難民認定がされると、在留資格がない者については、一定の除外事由に該当しない限り、法務大臣が「定住者」（5年）の在留資格を付与することになっている。なお、「難民」という在留資格は存在しないことに注意してほしい。

5）難民申請者の在留資格

　難民申請者に限らず滞日外国人への支援の実践においては、在留資格の有無とその種類が大きく影響する。

　かつて、日本では社会保障に係る法律適用の対象者について「外国人」は適用除外とされていたが、1981（昭和56）年に「難民条約」を批准したことにより、同条約に規定されている内外人平等の原則に基づき、社会保障・社

会福祉に係る国内法の改正が行われ、国籍条項が削除された。現在では、社会保障・社会福祉関係の国内法で国籍条項があるのは「生活保護法」だけである。「生活保護法」については、法文中に「国民」が対象であることが明記されていることから、「準用」という形で外国人への適用を行っている。

　外国人が社会保障に関する法律の適用対象となった後も、制度の利用においては在留資格の有無とその種類が大きく影響しているため、難民申請者からの相談に対応し、特に社会保障・社会福祉にかかる制度利用を支援する場合には、在留資格の有無とその種類に留意する必要がある。「精神保健及び精神障害者福祉に関する法律」第29条における措置入院（入院させなければ自傷他害のおそれのある精神障害者に対し、精神保健指定医2名の診断の結果が一致した場合に都道府県知事が措置する入院制度）のような制度は、在留資格の有無や種類に関係なく適用される。しかし、多くの制度の利用においては、「定住者」「永住者」等の一定の在留資格を有することが要件となっている。また、就労支援においても外国人は在留資格によって就労の可否や仕事の内容等が制限されていることに留意しなければならない。相談内容によっては、在留資格の有無とその種類により自己決定のための選択肢が著しく制限されてしまい、その結果、支援が困難な状態が生じてしまうことが少なくない。

　難民認定申請中の外国人が有する在留資格は、入国の経緯や難民認定申請を行うに至った経緯とそのタイミングによってさまざまである。さらに、在留資格がなく、「仮滞在の許可」（入管難民法第61条2の4に基づき、在留資格未取得外国人から難民認定申請があったときに、その者の法的地位の安定を図るため、一定の要件を満たす場合には、仮に日本に滞在することを許可し、その間は退去強制手続が停止される制度）を受けている場合や有効な在留資格を有さず退去強制令書の発布を受けた後「仮放免許可」（入管難民法第54条に基づき、収容令書又は退去強制令書の発布を受けて収容されている外国人に対し、請求により、または職権で、一時的に収容を停止し身柄の拘束を仮に解く制度）を受けて地域で生活している場合も多い。在留資格の有無や種類によっては利用できる社会資源が極めて少ない場合も多いため、知人、地域のボランティア団体など、インフォーマルな支援者を含めた関係機関と連携した支援の実践が求められている。

ここでは、在留資格についての詳細は省略するが、難民申請者が有する在留資格の有無や種類を確認することは、その申請者が日本で生活する際に抱える困難を理解するうえでとても重要であることを知ってほしい。

3　日本政府による支援の仕組み

(1)　難民申請者に対する支援

　前述のように、難民申請者の有する在留資格は、その有無も含めてさまざまである。「定住者」や「特定活動」の在留資格を有する場合、国民健康保険への加入や就労が可能である（ただし就労については、「特定活動」の場合には報酬を受ける活動の指定を受けることが必要である）。しかしながら、上記の社会保障を受けることができる、あるいは就労可能な要件にかなう在留資格を有さない難民申請者や在留資格自体を有さない難民申請者も多い。

　RHQでは、政府からの委託を受けて、難民等の支援を行っている。以下にRHQが実施する難民申請者に対する支援の概要について概説する。

　日本において生活困窮の度合いが高く衣食住に欠ける等、保護が必要と認められる難民申請者（審査請求を含む）に対し、保護措置を実施している。本支援の対象となるのは、①1回目の難民認定申請を行っている者、②1回目の難民認定申請に係る審査請求を行っている者、③2回目以上の難民認定申請を行っている者については、1回目の難民認定申請に対する不認定処分等について、取消訴訟（第一審）を行っている者である。支給内容は、以下の通りである（2023年5月現在、難民認定申請者に対する支援（案内）、難民事業本部（rhq.gr.jp）による）。

①生活費：12歳以上日額1600円、12歳未満日額1200円

②住宅費（月額）：支給される家賃には上限があり、家賃や居住人数により、支給額が異なる。また、支給は家賃のみで、諸経費は除く。

③医療費：原則保険適用内の治療の実費。高額となる見込みのものは、支給

できない場合もある。

（2）難民の認定を受けた者の法的地位と権利および支援

　「2. 難民認定のプロセス」で述べた通り、難民として認定された場合には、法務大臣から「難民認定証明書」が交付され、在留資格がない者については「定住者」（5年）の在留資格の取得が許可されることに加えて、以下の効果を得ることができる。

1）難民旅行証明書の交付

> （難民旅行証明書）
> 第61条の2の12　出入国在留管理庁長官は、本邦に在留する外国人で難民の認定を受けているものが出国しようとするときは、法務省令で定める手続により、その者の申請に基づき、難民旅行証明書を交付するものとする。ただし、出入国在留管理庁長官においてその者が日本国の利益又は公安を害する行為を行うおそれがあると認める場合は、この限りでない。

　難民はその国籍国等から旅券（パスポート）の発給を受けることができないことから、難民条約28条の規定を受けて、難民の認定を受けた者の申請により、旅券（パスポート）の代わりとなる「難民旅行証明書」が交付される。

2）永住許可要件の一部緩和

> （難民に関する永住許可の特則）
> 第61条の2の11　難民の認定を受けている者から第二十二条第一項の永住許可の申請があつた場合には、法務大臣は、同条第二項本

> 文の規定にかかわらず、その者が同項第二号に適合しないときであっても、これを許可することができる。

　永住許可を受けるためには、入管難民法第22条2項1号および2号の規定により、①素行が善良であること、②独立の生計を営むに足りる資産または技能を有すること、の2つの要件を満たすことが求められるが、難民の認定を受けた者が永住許可申請を行った場合には、②の経済的要件を満たさない場合でも、法務大臣の裁量により永住許可を受けることができるとされている。なお、難民である外国人が日本国籍を取得するためには、国籍法第4条に基づく「帰化許可申請」を行う必要があるが、国籍法において難民の帰化の要件を緩和する特則は規定されていない。

3）社会保障等

　難民の認定を受けた者は、難民条約に規定される内国民待遇（日本在住の日本国民と同等の待遇を受けること）により、国民健康保険や国民年金への加入等の社会保障を受けることができる。また、公的扶助である生活保護についても準用により対象となる。

4）定住支援

　法務大臣から難民の認定を受けた者（以下、条約難民）とその家族に対して、RHQが政府からの委託を受けて、難民及びその家族が日本社会で自立した生活を営めるよう、①日常生活に必要な日本語力を身につける日本語教育、②日本の社会制度や生活習慣、文化、保健衛生等を学ぶ生活ガイダンス、③就職先や職場適応訓練先のあっせんを行う定住支援プログラムを実施している。

　また、RHQでは、難民特有の問題を抱えている難民定住者（インドシナ難民、条約難民、第三国定住難民とその家族等）に対して、難民相談員が生活全般に係る相談に対応している。RHQの行う支援事業の詳細については、ホームページ（https://www.rhq.gr.jp/）を参照してほしい。

さいごに

　難民としての認定を受けて制度を利用するために必要な在留資格を有していても、日本語運用能力、価値、宗教、文化的背景、さらには難民としての入国前後の体験等が原因で、さまざまな手続を行う際や福祉サービス等を利用する際に社会的不利を被ったり、自助努力だけでは対応が困難な状況に置かれたりするケースも少なくない。最近では、外国人支援のためのガイドブックを作成し、通訳を配置する自治体が増えてきてはいるが、難民にとってはまだまだ社会保障や社会福祉の制度にアクセスしづらい状況であることは否定できない。一方、支援者も支援の対象である難民のこれまでの体験や背景を十分に理解できていないことなどが原因で、対象者がなぜ今そのようなことを言っているのかが分からないことがある。また、難民支援を行う際には、在留資格等の入管難民法に関する基礎知識をはじめ、社会保障制度の適用の可否、対象者の文化の理解、通訳を通じて支援を行う際の留意点と課題など幅広い知識が求められる。その現状については、第Ⅱ部で考察を深めてほしい。

　本章では、「複雑な難民問題を初心者にとってもできる限り理解しやすく説明する」という本書の目的の1つにできる限り沿った形で、現在の日本における難民認定制度を中心に説明を行ってきた。これから難民支援を行うことを志している方や、制度についてより詳しく確認したい、現在の制度がどのような課題を抱えているかについて考察したいと考えている読者はぜひ、以下に紹介している資料や文献を参照してほしい。

■注
　1）難民審査参与員制度は、より公正・中立な手続きで難民の適切な庇護を図ることを目的として、2005（平成17）年の入管難民法の改正時に新設された。1次審査で不認定となった難民申請者が審査請求を行ったときに、法務大臣は採決を行うにあたり、難民審査参与員の意見を聞かなければならないことと定め、難民審査参与員を第三者として関与させることで透明性を高め、公正・中立性を図ることとした。難民審査参与員は、人格が高潔であり、審査請求に関し公正な判断をすることができ、かつ法律又

は国際情勢に関する学識経験を有する者で、法務大臣が任命することとなっている（入管難民法　第六十一条の二の九、十）。

■資料・文献

「出入国管理および難民認定法　e-GOV法令検索」https://elaws.e-gov.go.jp/document?lawid=326CO0000000319（2023.4.13）

「難民認定制度　出入国在留管理庁」https://www.moj.go.jp/isa/applications/procedures/nanmin_00001.html（2023.4.13）

「難民認定申請書　出入国在留管理庁」https://www.moj.go.jp/isa/applications/procedures/nyuukokukanri03_00091.html（2023.4.13）

「令和3年における難民認定者数等について」（報道発表資料 令和4年5月13日 出入国在留管理庁）https://www.moj.go.jp/isa/publications/press/07_00027.html（2023.4.13）
　　令和3年における難民認定者数等について
　　https://www.moj.go.jp/isa/content/001372236.pdf
　　我が国における難民庇護の状況等
　　https://www.moj.go.jp/isa/content/001372237.pdf
　　難民と認定した事例等について
　　https://www.moj.go.jp/isa/content/001372238.pdf

「日本の難民認定手続きについて」UNHCR Japan　https://www.unhcr.org/jp/j_protection（2023年4月13日閲覧）

「難民認定基準ハンドブック」UNHCR　https://www.unhcr.org/jp/wp-content/uploads/sites/34/protect/HB_web.pdf（2023.4.13）

（公財）アジア福祉教育財団難民事業本部ホームページ　https://www.rhq.gr.jp/（2023.4.13）

日本弁護士連合会人権擁護委員会編（2017）『難民認定実務マニュアル［第2版］』現代人文社

RAFIQ（在日難民との共生ネットワーク）（2019）『もっと知ろう！もっと考えよう！難民のこと』

難民支援協会編（2006）『支援者のための難民保護講座』現代人文社

第 3 章

国際社会と難民

森 恭子

　人類の歴史を眺めると、つねに私たちは戦争や内戦といった武力紛争とともに歩んできた。第二次世界大戦後、日本では戦争がない状態が続いているが、現在、世界のあらゆる場所で武力紛争が起こっており、難民として故郷を追われる人びとが発生している。また、近年では気候変動や大規模災害により、命の危険にさらされ自国を追われる人たちも急増している。本章では、世界の難民の現状を概観し、国際社会における難民保護やその課題について考えていく。

1 　世界の難民の動向

（1）　難民の数はどのくらいなのか？

　世界には難民はどのくらいいるのだろうか。難民援助活動を行っている国際機関である国連難民高等弁務官事務所（United Nations High Commissioner for Refugees：以下、UNHCR）は、毎年、統計報告書「グローバル・トレンズ・レポート」（Global Trends Report）を発行し、世界の難民の数を公表している。

　ここでは2021年版の報告書等[1]を中心に難民の動向をみていきたい。紛争、暴力、迫害の恐れ、人権侵害などにより、故郷を追われ強制移動を強いられた人びと（forcibly displaced）は10年連続で増加し、過去最高の8930万人となった（2021年末時点）（図3-1）。そのうち、国外に逃れた難民は約2710万人であるが、実際、国外に避難できない人たちが相当数を占めている。国境を越えず、自国内の他の領域に避難している人たちは「国内避難民」と呼ばれ、その数は約5320万人にものぼっている。また、他の国に逃れたが、その国で庇護を希望し、正式には難民として認められていない「庇護希望者」（難民申請者）は約460万人である。

　こうした人たちの数は前年と比べると8％（8240万人）の増加、10年前の4270万人の2倍以上であり、第二次世界大戦以降、最大規模となっている。世界の78人に1人は、故郷を追われた人びとであり（図3-2）、世界の人口の

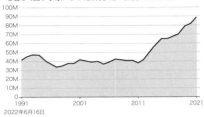

2021年末時点で、紛争や迫害、暴力、人権侵害、公共の秩序を著しく乱す事象により、強制移動に直面した人の数

2022年6月16日

図3-1　紛争や迫害によって故郷を追われた人
8930万人

出典：UNHCR グローバル・トレンズ・レポート 2021

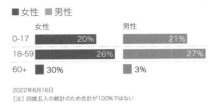

世界の人口の30%が子ども、強制移動の子どもの割合は全体の41%*

■女性　■男性

	女性		男性	
0-17	20%		21%	
18-59	26%		27%	
60+	30%		3%	

2022年6月16日
[注] 四捨五入の統計のため合計が100%ではない

図3-2　故郷を追われた人の年齢・性別

出典：国内避難民（IDMC）、パレスチナ難民（UNRWA）、難民、庇護希望者、国外に逃れたベネズエラ人（UNHCR）、世界の人口（UN Department of Economic and Social Affairs）

約1％を占めている。その約41％が18歳未満の子どもたちである。親や保護者を失ったり、はぐれてしまった子どもたちの約2万7000人が新たに庇護を希望している。また2018〜2021年の間で、難民として生まれた子どもは約150万人、年に平均すると約38万人にもおよぶ。

　なお、2022年2月に起きたロシアによるウクライナ侵攻により発生したウクライナ避難民などを含めると、2022年5月までに避難を強いられた人びとの数はすでに1億人を超えたといわれている。

(2) 難民はどこで発生し、どこに逃げるのか？

①難民の出身国

　国境を越えた難民が最も多く発生する上位10か国は、シリア（約680万人）、ベネズエラ（約460万人）、アフガニスタン（約270万人）、南スーダン（約240万人）、ミャンマー（約120万人）、コンゴ民主共和国（約90万）、スーダン（約82万人）、ソマリア（約77万人）、中央アフリカ共和国（約73万人）、エリトリア（約51万人）である（図3-3）。世界の難民の約8割は、この10か国の出身者であり、また上位5か国に難民全体の約7割が集中している（2021年末）。

　シリア難民は世界の難民人口の27％を占め最も多くなっている。中東・北アフリカ地域のアラブ諸国では2011年に政府への抗議活動が活発化し、

難民、ベネズエラから国外に逃れた人の3分の2
以上（69%）が5カ国からの避難に集中*

シリア　6.8M
ベネズエラ**　4.6M
アフガニスタン　2.7M
南スーダン　2.4M
ミャンマー　1.2M

2022年6月16日
* UNRWA支援対象者のパレスチナ難民を除く
**ベネズエラから国外に逃れた人

図3-3　主な出身国
出典：UNHCR グローバル・トレンズ・レポート 2021

「アラブの春」と呼ばれる一連の民主化運動が起こったが、これによって、多くの国で政権交代が起こり大量の難民が発生した。シリア国内でも武力衝突が激化したことにより、シリア人口の約3割にあたる約660万人以上が国外に避難したとされる。現在も約670万人が国内避難民となっており、約1460万人のシリア難民が人道支援・保護を必要としている（2022年末）。

　難民が発生する要因は後述するようにさまざまだが、国内の大規模な武力紛争や政情不安定が長期にわたって続いていることが最大の要因といえる。アフガニスタンは、2021年8月にタリバン政権が統治することになったが、社会経済状況の悪化や女性の人権侵害等による強権政治によって、難民の流出が続いている。ミャンマーは2017年の武力弾圧により大量のイスラム系少数民族のロヒンギャ難民がバングラデシュに避難を強いられた。

　なおウクライナについては、2022年2月以降、国境を越えて避難を強いられた人たちが約1700万人、ウクライナ国内で避難生活を余儀なくされている人たちが約591万人と推定され、現在、最大の避難民の発生地となっている（2022年末）。

②難民の受入れ国

　一方、難民を受け入れている上位10か国は、トルコ（約376万人）、コロンビア（約184万人）、ウガンダ（約153万人）、パキスタン（約150万人）、ドイツ（約125万人）、スーダン（約110万人）、バングラデシュ（約92万人）、レバノン（約84万人）、エチオピア（82万人）、イラン（80万人）である（図3-4）。トルコが世界で最も難民を受け入れているが、国民1人あたりの難民受入れ数が最も多いのはレバノンであり、国民8人に1人、難民を受け入れている。

　世界の難民の72%は隣国や周辺国に避難している。その理由は、例えば、

トルコは世界最大の受け入れの約380万人、ベネズエラから逃れた人を含む180万人以上のコロンビアが続く

トルコ		3.8M
コロンビア		1.8M
ウガンダ		1.5M
パキスタン		1.5M
ドイツ		1.3M

2022年6月16日

図3-4　主な受入れ国
出典：UNHCR グローバル・トレンズ・レポート 2021

地理的に避難がしやすいこと、渡航費用が安いこと、自国の状況が改善すればすぐに戻ることができることなどが考えられる。また言葉や文化、宗教、人種が近いことも理由である。したがってシリアの隣国であるトルコ、ベネズエラの隣国コロンビアが、多くの難民を受け入れ、トルコは8年連続世界最大の難民の受入れ国になっている。

　また、世界の難民のうち、低中所得国による受入れは83%であり、高所得国での受入れは17%にすぎない。先進諸国よりも発展途上国のほうが多く難民を受け入れていることになる。ただし、ドイツは難民認定率が高く、難民への支援が充実していることもあり、先進諸国の中でもっとも受入れ数が多い。なお、新規の難民申請者数については、先進諸国の中では、アメリカへの新規の難民申請数が最も多く（18万8900件）、次いでドイツとなっている（14万8200件）。

③国内避難および難民キャンプ

　国境を越えて国外に逃れることができず、国内の別の居住地で避難生活を強いられる「国内避難民」の数は膨大だが、難民条約上では、厳密にいえば難民として保護されない人たちである。しかし、彼らは国内で過酷な避難生活を強いられていたり、国内にとどまっているため武力攻撃を受ける危険性もある。国内避難民も難民同様に保護が必要な人たちである。

　また、前述のとおり、難民の避難先は近隣国の発展途上国が多く、受入れ体制が十分に整っていないため、難民の受入れが難しい場合も多い。

　そのため、国際機関や支援団体などが「難民キャンプ」として滞在施設を設置している。バングラデシュ、ウガンダ、ケニア、ヨルダン、タンザニア、エチオピアには大規模な難民キャンプがある。難民キャンプは、テントを使用したものや、木や竹、布やビニールで作られた簡易的な物など形態はさま

ざまな種類があり、食料、水、衣類、医薬品、生活用品などを提供している。しかし、避難民の数があまりに多すぎて、資金や物資が不足し、彼らの生活は逼迫している。十分な食事や安全な水を得られない、栄養不良に陥いる、適切な医療を受けられない、衛生上の問題、教育が受けられない、女性の権利侵害など多くの問題が横たわっている。

（3）難民が生まれる要因は何か

　難民は、なぜ自国や慣れ親しんだ地域を離れざるを得ないのだろうか。ここでは難民が発生してしまう主な要因について整理したい。

①迫害

　難民条約による難民の定義では「…人種、宗教、国籍もしくは特定の社会的集団の構成員であることまたは政治的意見を理由に迫害を受けるおそれ…」と定められているように（第1章参照）、「迫害」が自国を離れる理由である。迫害とは、立場の弱い人たちを、力で弾圧し、苦しめ、虐げる行為をいう。難民条約がつくられた当時は、共産主義国で反共産主義的な考えをもつ人びとが自国の政府による迫害を恐れ、西側自由主義国に助けを求めて逃れる人びとが難民として扱われていた。いわゆる政治的な亡命者である。現代では、「迫害」による難民は少なくなっているが、国際条約上の難民は、難民認定のスタンダードとなっている。

　なお、近年はジェンダーの要素も新しい形態の迫害として認識され始めている。これには性暴力、ドメスティック・バイオレンス、女性性器切除（FGM：Female Genital Mutilation）、強制結婚、児童婚の問題、そして性的指向や性自認で迫害などが含まれ、LGBTI[2]の人たちも難民として認められるようになってきている。

②武力紛争

　現代の難民の発生の最も多い理由は、国家間や国内での武力紛争である。紛争は、宗教や民族的対立、政治的信条の違い、土地や資源の奪い合い、権力者の利害関係など、さまざまな理由で起こっている。2021年には、少な

くとも46か国（うち、アメリカ8件、アジア・オセアニア9件、欧州3件、中東・北アフリカ8件、サブサハラで18件）で武力紛争が発生したといわれている。前述のとおりシリア、アフガニスタン、ミャンマーなどは大規模な武力紛争が長期にわたって続き、大量の難民を生み出している国である。アフガニスタンは、1979年のソ連の侵攻以降、多国籍軍の攻撃および自国内の勢力争いが繰り返され難民を生み出し続けている。ミャンマーも、1988年の国民的な民主化要求運動以来、軍事政権による市民への弾圧が続き、恒常的に難民を生み出している。2021年2月の軍事クーデターにより、市民の抗議活動は激化し、ミャンマーは深刻化な経済不況に陥り、国内避難民の増加、医療崩壊・貧困と食糧不安の急増といった人道的危機にも直面している。

　国家間の紛争では、2022年2月にロシアによるウクライナ侵攻による国家間戦争は、大量のウクライナ避難民が海外に流出する原因となっている。

③災害や気候変動

　地球温暖化等による気候変動や災害の影響により、住む場所を離れ避難を余儀なくされる「環境難民」や「気候難民」と呼ばれる人びとが急増している。異常な豪雨、長引く干ばつ、砂漠化、洪水、環境悪化、海面上昇、サイクロンなど、極端な気象現象の強度と頻度の増加に起因する危機によって、すでに平均2000万人以上が家を離れ、毎年、自国の他の地域に移動するといわれている。しかし、こうした難民に関する明確な定義はなく、国際社会や各国の取組みは不十分である。

　国連が2018年に採択した「安全で秩序ある正規の移住に関するグローバル・コンパクト」では「気候変動がもたらす悪影響や環境破壊」が大規模な人びとの移動の発生要因とし、こうした人びとへの保護に各国が取り組むよう明記された。またUNHCRは気候変動対策の戦略的枠組みを示し、深刻な気象災害への緊急支援活動にも取り組んでいる。2020年1月には国連人権理事会（UNHRC）も気候変動を理由とした難民申請を各国政府が認めるよう決定するなど、国際社会での保護や支援の必要性が呼びかけられている。

④貧困や飢餓

　貧困や飢餓は世界的な難民危機の主な原因である。ベネズエラは、かつて

ラテンアメリカでももっとも経済成長を遂げていたが、国内の政情不安が社会的な混乱を招き、経済的不安定や食糧危機に陥り、ハイパーインフレが起こった。そのため、2015年以降、400万人以上のベネズエラ人が生活を営むことが困難になり、安定した生活を求め自国を離れることになった。

　また、アフリカでは、内戦や民族紛争に加え、気候変動による深刻な干ばつなどの影響が、食糧危機や飢餓を招き、食料を求めて避難する人たちもいる。難民の中には、安定した雇用や教育の機会を求め、先進諸国に移動をする人たちも少なくない。このような人たちは、しばしば「経済難民」と呼ばれ「移民なのか、難民なのか」の区別が難しい。そのため彼らを他の難民同様に保護の対象として扱うかどうかは疑問視されている。しかし、一方で彼らを「生存移民」（survival migrants）とし国際的な支援が必要な人たちとみなす考えもある（滝澤2017）。大規模な紛争や自然災害が失業や貧困・飢餓を生み、生き残るために移動をせざるを得ないと考えるならば広い意味での難民と捉えることができる。

　以上、難民が生まれる主な要因をあげたが、こうした要因は、複雑に絡み合うことでさらに難民が長期的に発生することにつながっている。

2　国際機関による難民保護

　こうした難民を保護し支援している国際機関としてUNHCRがあるが、ここではUNHCRの取り組みを中心にみていきたい。

(1)　UNHCRの難民保護のあゆみ

　難民の登場は、16世紀半ばに遡るといわれているが、歴史上、自らの生活の場を追われ、異境の地に庇護を求める人びとは後を絶たない。難民問題が国際社会で注目されるようになったのは、20世紀初頭である。第一次世界大戦後のロシア革命（1917年）やトルコ帝国の崩壊（1923年）によって新しい政治体制の中では生きづらい人たちが大量に海外に逃げたことが発端で

あった。次いで第二次世界大戦前後の混乱で、ヨーロッパでは、ユダヤ人難民など膨大な数の難民が発生した。

　国際平和と安全の維持のために1945年に創設された国際連合（国連）は、深刻な難民問題に対応するために、1950年にUNHCRを設立した。当初、UNHCRは3年間の暫定的な機関として設置され、難民問題が終結したときには、その任務を終える予定であった。1951年には、難民の生命・安全が守られるように「難民の地位に関する条約」が採択され、難民の法的地位、保護、滞在国での待遇などが定められた。UNHCRは、1954年には欧州諸国の難民に対する保護と支援を理由に、初めてノーベル平和賞を受賞した。

　しかしその後の1956年のハンガリーの動乱や1960年代のアフリカ諸国の独立により、大量の難民が発生し、1970年代には難民問題はアジア・ラテンアメリカ地域にも拡大した。UNHCRの設立当初は欧州諸国の難民への対応が中心であったが、その活動範囲は広がり世界各地の難民問題に取り組むようになった。世界規模での難民支援が評価され、UNHCRは1981年に二度目のノーベル平和賞を受賞した。1990年代には日本人として初めて緒方貞子さんが、第8代国連難民高等弁務官を務めたが（1991～2000年）、この時期は、世界各地で民族紛争や地域紛争が起こり、とくにクルド難民、ルワンダ難民、コソボ難民などの救済活動が行われた。

　21世紀になっても、内戦や大国による武力攻撃が頻発し、加えて気候変動などの影響があり、難民の大量発生は留まることはない。そのため暫定的な国際機関であったUNHCRは、2003年に国連総会にて「難民問題が解決するまで」その期限を延長することになった。今日にいたっては、UNHCRはその任務をいっそう拡大し、難民の救済活動や難民問題解決に向けて世界をリードする国際機関へと発展している。現在、UNHCRの本部はジュネーブにあり、現地事務所は132か国に520事務所設置されている（2020年末）。

(2) UNHCRの支援対象とその活動

　UNHCRの支援対象者は、強制的に移動を強いられた難民、国内避難民、

庇護希望者、帰還民、および無国籍者であり、難民条約上の難民だけに限らず広い意味での難民を対象としている。国内避難民は、国境を越えていないことから、かつては国家主権に阻まれ、国際社会からの直接的な支援が難しかったが、現在は国外に逃れた難民と同じく人道的な見地から保護・支援が必要とされ、UNHCRの最大の支援グループとなっている。また、国を追われ無国籍者となる人びとは、保健、教育、就労、住まいなどの基本的な権利が奪われるため、無国籍者の保護における国際協力の強化にも取り組んでいる。なお、パレスチナ難民については、UNHCRではなく、国連パレスチナ難民救済事業機関（UNRWA：United Nations Relief and Works Agency for Palestine Refugees in the Near East）が支援をしている。

　UNHCRの活動は多岐にわたり、主に以下のような活動をしている。

①難民等の保護・支援を促進するための国際社会の協力体制の整備
- 難民等の諸権利（強制送還の禁止・就業・教育・居住・移動の自由など）を擁護し（アドボカシー）促進すること。
- 各国に国際法を守るように働きかけ、難民条約や無国籍者の保護のための条約の締結を促進すること。

②難民等への緊急支援
- 危機の現場への緊急支援チームの派遣。
- 水、食糧、毛布、テント、避難所、生活用品、医療用品などの援助物資の供給。
- 難民の大規模な脱出のための主要な空輸の手配。

③避難生活が長期化する難民等への自立支援
- 学校・診療所等の社会基盤の整備。
- 医療・衛生活動。
- 教育・職業訓練、女性のための自立支援の提供。

　そして、これらの活動とともに、UNHCRは、難民等が生活を再建できるように、長期的な解決（恒久的解決）として、以下の3つに取り組んでいる。

①自主帰還（自発的な本国への帰還）

難民等が安全に、尊厳をもって自らの出身国に戻り、自国からの保護を再び与えられることである。UNHCRは、難民等の本国への訪問や教育、法的支援や家族の再統合を支援している。

②庇護国での社会統合（庇護を求めた国への統合）

自主帰還が難しい場合、難民等が受け入れられた国で、定住し統合していくことである。難民等が、受入れ国の社会に法的・経済的・社会的に統合して、受入れ国政府からの保護を与えられることになる。

③第三国定住（第三国への移動・再定住）

難民が最初に庇護を求めた国から、難民へ定住の資格を与えることに同意した別の国（第三国）へ移動し、再定住することである。難民等が最初に受け入れられた国（難民キャンプを含む）で、十分な保護が与えられなかったり、危険で劣悪な状況におかれている場合がある。そのため米国、豪州、カナダ、欧州諸国などが主に受け入れ先となっている。日本も2010年から少数の難民の受入れを開始した（第1章参照）。

難民にとっては、自国で安全・安心に暮らせることが最も良い解決策であり、①の自主帰還が理想といえるだろう。しかし、自国の武力紛争や政情不安定が長引くことのほうが多く、難民問題が短期間で解決することは少ない。そのため、②庇護国での社会統合や、③第三国定住といった解決方法を選択せざるを得ないが、その場合、難民は他国で定住し、生活再建をすることになる。しかし、第三国定住を認められる難民の数は少なく、後述するように、年々増え続ける難民を保護することは、受入れ国にとっても相当な負担となっている。

（3）　難民の諸権利と保護

「難民の地位に関する条約」（1951年）に加えて、この条約を補完する「難民の地位に関する議定書」（以下、議定書）が1967年に採択された。議定書で

は、難民の地理的・時間的な制約をなくし、世界中の難民を保護の対象とした。条約および議定書をあわせて一般的に「難民条約」と呼ばれ、難民の国際的保護のスタンダードとして広く認識されている。条約と議定書のいずれか、もしくは両方に加盟している国は、149か国であり、国連加盟国数の約4分の3となっている（2019年）。加盟国は、難民条約に基づき、難民を保護し、彼らの諸権利を守らなければならない。

　受入れ国で難民として認められた人たちに対する基本的人権や福祉に関する権利には、主に以下のようなものがある。

- 裁判を受ける権利（第16条）
- 賃金が支払われる職業、自営業および自由業に従事する権利（第17 ～ 19条）
- 配給が与えられる権利（20条）
- 初等教育が受けられる権利（22条）
- 公的扶助や公的援助が与えられる権利（23条）
- 労働法制及び社会保障の権利（24条）
- 居住地を選択する権利および締約国の領域内を自由に移動する権利（26条）
- 身分証明書や旅行証明書が発給される権利（27条）

　これらの権利については「自国民に与える待遇と同一の待遇」もしくは「同一の事情のもとで一般に外国人に対して与える待遇よりも不利でない待遇」を難民に与えることとしている。

　一方、難民は脅威にさらされた領域から逃げてくるために、必ずしも合法的に、もしくは許可をうけて加盟国の領域に入国する人たちばかりとは限らない。避難した国に不法に入国したり、不法に滞在せざるを得ない人たちもいる。そうした難民については刑罰を科してはならないことになっている（第31条）。

　また、難民を彼らの生命や自由が脅威にさらされるおそれのある国へ強制

的に追放したり、帰還させてはいけないことが定められている（第33条：追放及び送還の禁止）。これは、ノン・ルフールマンの原則（non-refoulement principle）と呼ばれ、難民保護において広く浸透している国際法上の原則である。この原則は、第二次世界大戦中、ナチス・ドイツによる大量虐殺から逃れてきた難民に対し、受入れ国側が安全な避難場所を提供できなかったという国際社会の教訓から生まれた。合法的に難民として認定された人たちだけではなく、庇護を求めている難民申請の手続き中の人たちにもあてはまるとされている。

　しかし、実際には、このような庇護希望者や難民申請者たちは、避難先の国から歓迎されるわけではない。むしろ冷遇されている場合が多く、庇護を求めているにもかかわらず刑務所のような施設に収容されたり、本国に送還されたり、あるいは、別の国や地域に送る国もあり、深刻な問題となっている。例えば、豪州では、豪州を目指す難民の上陸を拒否し、近隣の南太平洋諸国の収容所に収監する「パシフィック・ソリューション（Pacific Solution）」[3]と呼ばれる政策をとっている。また、日本でも長期収容や強制送還が常態化しており、国内外から非難されている現状がある（第4・5・6章参照）。

　なお、難民条約では難民の定義が狭いこともあり、条約難民には該当しないが国際的な保護を必要とする人たちに対して、「補完的保護」[4]という広い枠組みで、人道的な見地から積極的に保護や諸権利を与えられることが切望されている。

3　難民を受け入れる国際社会

（1）国際社会の協力

　本来、国の役割は、自国の国民の生命や生活を守ることであるが、難民の場合は、自国の政府から迫害や攻撃を受けたり、自国が政情不安定等で国家としての機能を果たせない場合が多い。難民の自国に代わり、各国の政府が、

押し寄せる難民たち（©Istvan Csak/Shutterstock）

人道的な立場から、UNHCR など国際機関と協力しながら難民の支援に取り
組んでいる。

　実際、紛争が長引いたり、紛争が終了したとしても、平和と秩序が完全に
回復され、国家として機能するようになるまでには、かなりの時間を費やす
ことが想定される。そのため、前述したように、難民が出身国に戻ることが
難しい場合は、「庇護国における社会統合」もしくは「第三国定住」によっ
て、他国の政府が難民の具体的な支援を提供し、基本的人権を擁護するとと
もに中長期的な生活保障に取り組まざるを得ない。また、難民に国籍や永住
権、市民権を与える場合もある。UNHCR は、過去 10 年間で、世界中の
1100 万人の難民が庇護国に帰化したと推定している。

　難民が受入れ国に定住・統合していく過程は、法的、経済的、社会・文化
的な側面をともなう複合的なプロセスであり、難民自身と受入れ社会の両方
にかなりの負担や貢献が要求される。とりわけ難民が自立し生活していくた
めには、受入れ社会の十分な支援体制があることが求められるが、それは国
の行政サービスのみならず、市民社会の難民に対する理解や差別や排除をし
ないことも含まれる。したがって、難民が安全・安心な自立した生活が営め
るかどうかは、難民を受け入れた国の状況によって、かなり変わってくるこ
とになる。

　難民への保護や支援体制が充実している国の 1 つとしてドイツがある。ド

イツは過去のナチズムによるユダヤ人等の迫害に対する反省から、難民を積極的に保護し受け入れていく方向へと変わった。憲法には政治的迫害を受けている者について保護する庇護権を定めている。アラブの春以降、欧州諸国は大量の難民を分担して受け入れることになったが、とくにメルケル元ドイツ首相はシリアやアフガニスタンから逃れてきた約100万人もの難民の入国を認め、2015年には約44万人を難民認定した。世界第5位の難民受入れ国であり、現在、ドイツには約150万人の難民が住んでいる（2022年6月現在）。

　ドイツでは難民を含めた移民統合体制が整っており、国が難民の受入れを行い、州政府に振り分け、具体的な統合プログラムを地方自治体、市民団体、民間組織、語学学校等が担う仕組みになっている。そこではドイツ語教育、市民オリエンテーション、職業訓練等が提供されている。また市民社会のボランティア活動も活発である。難民に寛大なドイツであるが、一方で、少子高齢化が進み、労働力人口の減少のため、難民を労働力として受け入れるという実益をかねた国家戦略という側面もある。難民がドイツ語を学び、高等教育に進学したり、職業的資格やスキルを身につけることによって、ドイツ社会に有益な人材となり貢献していくのであれば、人道的な支援は、将来のドイツ社会への投資の施策といえるだろう。また、それは難民にとっても自立と共生を開く道ともいえよう。

　ドイツ同様に、スウェーデンも先進諸国の中では人口比でいえば難民を多く受け入れている国である。筆者は2019年3月にスウェーデン第4の都市ウプサラ市を訪れ、難民の社会統合について市役所やSFI（移民・難民向けの無料のスウェーデン語教育学校）等で難民の社会統合についての話をうかがった。市役所では難民の理解と難民に対する質の良い行政サービスを向上させるための職員向けの研修[5]が行われていた。研修プログラムを開発した職員の話では、難民が効率よく早く自立できるために、それぞれの部署が役割を認識し、サービスを提供していくことが重要であるということであった。また、SFIでは、語学以外にも、スウェーデンで不足している労働市場の職業訓練コースなどが提供されていた。SFIの職員は、難民の中には高学歴・専門職の人たちも多く、彼らを積極的に活用すればスウェーデン社会におおいに貢

献できると語った。ドイツやスウェーデンの例のように、難民保護から自立へ、そして社会貢献という社会統合のプロセスの中で、難民と受入れ国の双方が互いに有益と感じられる国際協力のあり方が求められるだろう。

その他、諸外国は、難民を直接的に受け入れる以外にも、UNHCRに拠出金を出し経済的な支援をするなどの方法で、難民保護に協力している。2021年は、米国が約18億7220万米ドル（拠出率40.01％）、ドイツが4億8834万米ドル（10.44％）、EUが3億2664万米ドル（6.98％）、日本が1億4057万米ドル（3.00％）、スウェーデンが1億2298万米ドルを拠出し、日本は世界上位のドナー国となっている。

(2)　受入れ社会のジレンマ

しかし、近年、世界で急増する難民問題に対して、とくに受入れ諸国では、難民への人道的支援や寛容性の限界に達しており、自国民の安全性の確保と難民保護との狭間でジレンマを抱えている。また、2015年11月にフランスのパリで起きた同時多発テロでは、テロの実行犯の中に難民に紛れて欧州諸国に入国した者がいることが判明し、難民への反発や排外主義が一段と強まった。米国ではトランプ元大統領が2017年1月、難民の受入れを一時停止する大統領令に署名した。欧州諸国では「自国第一主義」が台頭し、極右勢力も勢力を拡大し政治的軋轢に直面している。例えば、2022年の総選挙でイタリアでは極右政党を中心とする右派連立政権が発足し、スウェーデンも中道左派から右派へと政権が交代し移民政策への見直しが検討されている。右派勢力と左派勢力の間で国内では意見の対立や暴動も起こり、国内が分断される危機が生じている。

受入れ諸国の経済的社会的な負担やジレンマとして、以下のようなことが主な争点となっている。

①経済的なコスト
- 難民の生活全般の支援・福祉・教育費、施設、人件費。

②治安の問題

- テロリストの脅威。
- 文化、宗教、生活習慣等の違いによるもめごとや暴動が起こりやすい。

③文化の侵略

- 大量の難民が彼らの文化（言語、生活習慣、宗教等を含む）を持ち込み、受入れ国の文化を脅かす。

④雇用を奪う

- 難民が安い労働力を提供することになり、自国民の雇用を奪う。

⑤衛生的な問題

- 難民が国内に新たな病気を持ち込む。

⑥偽装難民の発生

- 保護が必要な難民ではなく経済的な移民である。

　前述のとおり、先進欧米諸国が難民を受け入れる以上に、難民が発生する近隣諸国の負担もかなり大きく、国際社会で公平に支援の負担を分担したり、安全・安心な社会を構築することが難民問題の課題となっている。

(3) 国際社会の多様なアクターとの連携に向けて

　世界各地で難民問題が多様化し、複雑化する中で、難民を取り巻く環境の改善や受け入れる国の負担の公平性などに対応することが急務となっている。1つの受入れ国だけで解決する問題ではなく、また政府のみの対応ではなく、行政、企業等の民間セクター、市民社会等を含めた多様なアクター（行為者）が連携し、難民問題に取り組んでいくことが求められている。

　UNHCRの主導のもと、国連加盟国、国際機関、政府、地方自治体、市民社会、企業、専門家そして難民などが2年間広く協議を重ね、国際社会全体が一体となって難民保護を促進していくために、2018年12月に国連総会で「難民に関するグローバル・コンパクト（GCR：Global Compact on Refugees）」が採択された。これは、難民と受入れコミュニティ双方が恩恵を受ける支援に

社会全体で取り組み、私たち一人ひとりが責任を分担し、難民問題の解決に向けて実行していく指針となることが目指されている。

　GCRには法的拘束力はないが、人間性と国際的連帯という基本原則を原点とし、難民やその受入れ国・受入れコミュニティとの協力と連帯の強化を図っていくことを示した文書である。

　GCRは全体の目的として、①難民受入れ国の負担を軽減すること、②難民の自立を促進すること、③第三国における解決策へのアクセスを拡大すること、④難民の安全かつ尊厳ある帰還に向けて、出身国の環境整備を支援することである。これらの目的と達成するための行動計画が示され、それぞれの取組みの進捗を点検していくこととなっている。

　最初のGCR指標報告書2021では、2016年から2021年までを対象とした進捗状況が報告された。その中では難民を受け入れている低所得国への支援の拡大と、難民の仕事と教育へのアクセスの拡大では進展があったが、負担と責任の規模が新たに増大し、より多くの第三国での機会が緊急に必要とされているなどまだまだ課題が多いことが示された。

　また、GCRは、4年に1回、「グローバル難民フォーラム」を開催し、政府機関、国際金融機関、ビジネスリーダー、人道機関、開発機関、難民、市民社会の代表が世界中から一堂に会し、それぞれの難民支援の取り組みやアプローチを共有する場を設けることとなった。第1回のグローバル難民フォーラムは、2019年12月スイス・ジュネーブで開催され、難民当事者を含む3000人超の参加者や750の政府代表者が集まり、難民の長期的支援に向け、雇用、子どもの就学、政策の変更、第三国定住などの解決策、クリーンエネルギー、インフラ、受入れ国・地域に対する支援など770以上の「誓約（pledge）」が提出された。

　世界情勢の変化や気候変動などの影響により、私たちの生命や生活は一瞬にして脅かされる危険があり、現代社会では、誰もが難民になる可能性がある。そのため国際的な協力は不可欠である。また、難民問題は、国境を越えて複数の国々に広く影響を与える問題であり、決して難民の当事国だけでは解決できる問題ではなく、世界各国が協力して取り組むグローバルな課題で

ある。世界の難民危機に対して、国際機関、各国の政府、民間支援団体、企業、市民社会のそれぞれが智恵と工夫により、解決に向けて励んでいくことがますます重要になってくる。

■注—

1) UNHCR（https://www.unhcr.org/）および国連 UNHCR（https://www.japanforunhcr.org/）のホームページより、適宜、最新データも活用した（2023.1.27）。

2) レズビアン（L）、ゲイ（G）、バイセクシャル（B）、トランスジェンダー（T）、インターセックス（I）の頭文字をとった単語である。

3) 豪州に航海してくる難民等をナウル諸島やパプアニューギニアに送り、そこに収容させ、豪州政府がその見返りに経済援助を行う政策。劣悪な収容所で、収容の長期化や自殺・ハンガーストライキなどが問題になっており、国際社会や人道支援団体から非難されている。2001年に開始され、2008年に労働党政権下で一時中断されたが、2012年より再開された。

4) 例えば、武力紛争によって自国で重大な危害が加えられるおそれがある者は、難民条約の難民の定義に該当しない者であるが、そのような者も国際的な保護を必要と考え、受入れ国が在留を認め、適切に保護することである。

5) 職員研修プログラムの名称は「より効率のよい受入れ」といい、難民の受入れプロセスの時間を短縮し、教育や仕事などで自立促進を目指すものである。4つのテーマ：①受入れ姿勢とコミュニケーション、②多文化に対応する能力、③入国と定着プロセス、④難民の健康について、それぞれ2日間で学ぶ。

■文献—

外務省国際協力局緊急・人道支援課（2022）「国連難民高等弁務官事務所（UNHCR）の概要」https://www.mofa.go.jp/mofaj/files/000063301.pdf

木村真理子・小原眞知子・武田丈編著（2022）『国際ソーシャルワークを知る——世界で活躍するための理論と実践』中央法規出版

国連 UNHCR 協会（https://www.japanforunhcr.org/）

滝澤三郎（2017）「難民政策はどうあるべきか——難民危機と日本の対応」『平和政策研究所　政策オピニオン』No.68．2017.11.13.

滝澤三郎編著（2018）『世界の難民をたすける30の方法』合同出版

森恭子（2018）『在日難民のソーシャルキャピタルと主観的統合——在日難民の生活経験への社会福祉学の視座』現代人文社

森恭子（2020）「スウェーデン、ウプサラ市における社会統合に向けた取り組み——市役所、SFI、公立学校への聞き取り調査より」『文教大学人間科学研究』第41号，85-93頁

山田久（2019）「ドイツ・スウェーデンの外国人政策から何を学ぶか——熟年労働者を市民として受入れる」『日本総研 Viewpoint』No.2019-018（https://www.jri.co.jp/MediaLibrary/file/report/viewpoint/pdf/11198.pdf）

MEDIENDIENST INTEGRATION（https://mediendienst-integration.de/）

SIPRI（2022）Year Book 2022 Armaments, Disarmament and International Security Summary
（https://www.sipri.org/sites/default/files/2022-06/yb22_summary_en_v2_0.pdf）

UNHCR（https://www.unhcr.org/）

UNHCR (2021) Global Trends: Forced Displacement in 2021（https://www.unhcr.org/
publications/brochures/62a9d1494/global-trends-report-2021.html）

UNHCR (2021) Global Compact on Refugees Indicator Report 2021（https://www.unhcr.org/
global-compact-refugees-indicator-report/wp-content/uploads/sites/143/2021/11/2021_
GCR-Indicator-Report_spread_web.pdf）

UNHCR (2021) Strategic Framework for Climate Action（https://www.unhcr.org/604a26d84.
pdf）

弁 護 士 に よ る 難 民 の 支 援

難波 満（全国難民弁護団連絡会議）

　弁護士による難民の支援と聞いて、どのような内容を思い浮かべられるでしょうか。弁護士というイメージから、難民と認められなかった人の裁判が思い浮かぶかもしれませんが、実際の支援の範囲はそれよりもだいぶ広いものになっています。

　まず、弁護士による支援の中心になるのは、入管で難民申請をした人が難民と認定されるための法的な手続の全般になります。ほとんどの場合は本人が日本に入国後に支援者や本国の友人を通じて弁護士が相談を受けることになりますが、入国を拒否されて本国に送還されそうになっているという緊急の連絡で空港に駆けつけることもあります。その一方、非正規滞在になって警察に逮捕されたり、入管に収容されたりしてから、本国に帰国できないために難民申請をするという場合もあります。

　本国から避難を余儀なくされた人は、多くの場合、本国でどのような状況にあったのかを裏付ける資料を持っていません。そのため、弁護士は、本人から通訳人を通じて詳細な事情を聞き取って陳述書という書面を作成するとともに、本人の陳述を裏付ける本国の情報を調査・収集し、本国に戻れば身に危険が及ぶおそれがあることを示していくことが重要な役割になってきます。

　本来であれば、難民申請をしたすべての人が弁護士の支援を受けられるのが望ましいのですが、難民の支援に取り組む弁護士の数が限られていることや、法的手続に必要な費用を支援する法律援助の制度が十分に整備されていないことから、弁護士へのアクセスを十分に保障できていないのが現状です。

　そのため、入管で難民の認定を受けられなかった後に初めて弁護士が相

談を受けることも多く、その場合は審査請求という不服申立ての手続を行うことになります。審査請求では、弁護士は参与員という第三者のインタビューに本人と出席するとともに、本人の陳述が信用できるものであり、難民と認められるべきであるという意見を述べます。しかし、審査請求でも難民と認められなかった場合、弁護士は、代理人として難民の認定を求める裁判を起こしていくことになります。

　こうした法的な手続が弁護士による主な支援の内容になるのですが、日本での難民認定が厳しいうえに長期間にわたることから、難民申請をした人の多くが不安定な地位に置かれており、本人が日本社会で安定した生活を送ることができるよう弁護士が関与する場合も少なくありません。この場合、弁護士は、難民や外国人を支援する団体、通訳人、地域社会の福祉関係者のネットワークと連携をしながら、就労や医療などの生活面のサポートをすることになります。また、本人が非正規滞在となって入管に収容された場合には、収容施設に本人を訪ねて面会を重ねるとともに、収容から解放されるよう仮放免申請という手続を行っており、本人に支援者がいない場合には身元保証人になることもあります。

　このように弁護士による難民の支援には、代理人として法的な手続を行うとともに、本人が日本社会で平穏な生活を送れるよう支援者や関係者とともに寄り添っていくというソーシャルワークのような側面があるのです。

　こうした弁護士個人による支援とは別に、同じ出身地や背景を同じくする多くの人が日本で難民申請をしている場合や、社会に与える影響が大きな事件の場合など、弁護士が協力して取り組む必要のある課題が生じた場合には、有志の弁護士で弁護団を形成することもしばしばあります。また、難民に関する事件に取り組む弁護士の任意団体として全国難民弁護団連絡会議が結成されており、弁護士間で情報・知識の共有を図るとともに、それぞれが現場で支援をする中で得られた経験に基づき、難民に関する制度的な改善や政策の実現に向けた提言を行っています。

第II部

難民の生活の実態
と支援の現実

第 4 章

実例から知る
日本での難民の暮らし

櫻井美香
羽田野真帆

　一般社団法人ミナーは、日本に逃れ、地域で「生活者」として暮らしている難民を支援している団体である。東京都足立区に活動拠点を設け、個別相談支援や家庭訪問などのサポート活動を実施している。

　特定非営利活動法人名古屋難民支援室（Door to Asylum Nagoya, DAN）は、2012年の設立以来、東海地域に暮らす難民が安心して自立した生活を送れるよう、支援している団体である。難民の法的および生活支援を行うとともに、難民支援のためのネットワークの構築と難民に関する理解促進のための活動をしている。

　本章では、２団体がこれまでに支援をした難民の人たちが、どのように日本で暮らし、どのような生活上の困難に直面しているのかを理解するため、以下に４つの事例を紹介する。そして、これらの事例から見える制度的な課題や、必要な支援について整理する（＊名前はすべて仮名として、個人が特定されないよう一部内容を変更している）。

1　事例：難民として認められたけれども
（A国出身ニコラスさん）

　ニコラスさんは50代の男性。12年前に来日した。日本で難民認定申請をする前にも数か国で申請をしたが、認められなかったという。日本で難民認定されるまで、実に10年の歳月を要した。個人が特定されないようここでは具体的な申請理由などは省略することとする。

　ニコラスさんは入国時に偽造パスポートで入国することを余儀なくされたため、入国後は在留資格がなく、当時の入国管理局から仮放免許可を受けて生活していた。したがって、難民認定申請の結果を待つ間は働くことを許可されず、外務省の外郭団体による保護費[1]を受けて、数年間、生活していた。しかし、申請が不許可となり、保護費の受給対象外となってしまってからは、次第に困窮し、ホームレス状態に陥ってしまった。そこからさらに４年ほど、民間支援団体からシェルターや食料、病院受診などの支援を受け、生き抜くことができた。

　2回目の審査請求中の裁判で勝訴し、難民認定を受けた後、ニコラスさん
は入管から在留カードを受け取り、自治体に住民登録をした。それまでは社
会保障制度などの公的な制度を利用することができなかった。シェルターと
支援団体間を行き来する生活だったのが、自治体でさまざまなサービスを利
用することができるようになり、仕事探しのためにハローワークにも通える
ようになった。一部は、日本語学校にも通い始めた。

　しかし、在留資格を得て、仕事ができるようになったといっても、すぐに
社会生活に溶け込めるわけではない。ニコラスさんは、すぐに困難な場面に
直面した。まずはアパートを借りること。シェルターを出なくてはならない
ため、不動産会社でアパートを探す日々が始まった。しかし、アパートの内
覧や契約の場では難しい日本語が並び、一人で進めることができなかったた
め、支援団体のスタッフに毎回同行を依頼した。日本で初めてアパートを契
約し、ようやく落ち着くことができたのも束の間、今度は自宅にさまざまな
請求書が届いた。話を聞くと、公共料金や電話料金の支払い方法はもちろん
のこと、そもそも携帯電話の基本料の仕組みや、口座引き落としという支払
い方法について、ほとんどよく分からないまま契約したようだった。また、
世の中がコロナ禍に突入し、オンライン授業などが急速に進んだため、ICT
についても一から学ぶ必要に迫られた。ニコラスさんは、そうした日常生活
上のさまざまな困りごとを、周囲の支援者や支援団体につど相談していた。
料金の支払い方を教えてもらい、コンビニで一緒に払ったり、携帯電話会社
などのメールを支援者に転送し、翻訳をしてもらうなどした。現在も、日本
語学校に通いながら、仕事探しを続けているものの、日本語力が不十分など
の理由から、何度も面接に落ちる状況が続いている。

事例から見えること
❶ 日本社会との断絶
　事例のニコラスさんは、非常に長い期間「仮放免」の状態にあり、働くこ
ともできないまま、日本に住んではいても、いわば「見えない人」として暮

らしてきた。日本では難民認定申請の審査期間が長期間にわたるため、彼のように10年以上も宙ぶらりんの状況に置かれることも少なくない。その間、社会生活を自分で営めず、民間の支援団体から定期的もしくは単発の金銭あるいは物資の支援をもらいつつ、友人・知人に助けてもらったり、同国出身者の中で支え合ったりしている。個人の支援者を見つけて支援を受けている人もいる。そうした支援の合体で、ようやく生活が成り立っているのである。

　社会と途絶された状態が長く続いていたことは、在留資格取得後の生活にも大きく影響している。例えば、携帯電話や公共料金などの日本のシステムを理解する機会がこれまでになかったことから、料金の支払い方が分からないので最初から支払いが滞ったりする。10年以上日本で暮らしてはいても、基本的な社会生活を営むことが難しいことがこの時点で浮き彫りになってくるので、支援者側の対応も食べる・寝るという命をつなぐ支援から、生活スキルを伝えていく支援に変わる。中には、「在留資格が出た自分は支援を受け続けていいのだろうか」「忙しいスタッフを煩わせるのは申し訳ない」と支援者に相談することを遠慮する人もいる。何かのついでに相談を持ってきたときには、だいぶ時間が経ってしまっていて、物事が複雑化してしまっているということがよくある。前述の料金支払いのケースでは、滞納が続いて電話が止まってしまったので、利用を再開するために携帯電話会社との電話でのやりとりが発生した。

❷ 在留資格がないことによって失っていくもの

　日本の難民認定申請の手続きが長くかかることで難民の人たちが失うものもまた大きい。筆者がこれまでに支援した難民の人たちの中には、「日本は時間がかかりすぎる。手続きが長くかかることで自分は時間を失っている。この状況によって混乱し、もっと傷つく」と話す人がいた。また、何年も在留資格なく暮らしている人たちの中には、「自分は大人で、働くことができるのに、いつまでも支援をもらわないと生きていけないのは恥ずかしい。早くこの状態から脱したい」と語る人がいた。さらに、「家族を持ちたいが、自分で生計を立てられるようにならなければ結婚もできない」という切実な思いを

抱えている人もおり、彼ら彼女らの自尊感情にも影響していることが分かる。

❸ 長く孤独な状況にあること

　日本で暮らす難民申請者は、申請中、何年にもわたって先の見えない生活を送っている。申請結果が不許可になり、いつ母国に送り返されてしまうかわからないという恐怖を抱えつつ、その日その日を生き抜いている。友人や支援者ができて親しくなる人もいれば、難民という特殊な背景を持つがゆえ、警戒心を持って他人と深く関わることを避けて暮らしている人もいる。同国出身者のコミュニティが近くにあって、互いに助け合って暮らしている人もいれば、コミュニティが全くない場合もある。同国人とつながりを持ちたくないと話す人もおり、同国人であれば心を開けるというわけではないことが分かる。こうした状況に在留資格がないことが重なると、行動範囲や情報へのアクセスが限られ、難民の孤立状況をいっそう深めるものとなっている。

　家族や子どもがいる場合に比べると、単身者のほうがいっそう孤立した状況に置かれている。子どもがいると、子どもを通じて地域や学校とのつながりができたりもする。また、女性や子どもを優先して保護してくれる公的または民間のシェルターがある一方で、単身男性が入居できるシェルターを見つけることは、数の上でも空き状況の点からも難しいことが多い。よって、単身男性がホームレス状態に陥ってしまうこともある。路上生活の経験を含め長く不安定な生活状況に置かれることは、心身の健康にも大きく影響を及ぼす。難民認定もしくは在留特別許可を受けて在留資格を得ることができても、通院が必要な健康状態が続くなど、通常の社会生活を送るのが難しくなってしまう。

❹ 定住支援策がないこと

　事例のニコラスさんは、難民認定の結果、在留資格を付与された後、自治体に転入の届出をし、そこに紐づく社会サービスを利用できる「住民」として暮らせるようにはなった。しかし、その後の生活再建は自分の力で行わないとならなかった。現在の日本は、難民認定される人があまりに少なく、支

援の現場では難民申請者の支援ニーズが高い状況にある。条約難民のための日本語学習支援や就労支援は、一部行われてはいるものの体系的な定住支援策に基づくものではなく、十分とはいえない。在留特別許可を受けた人については、もっと支援がない。どちらも申請者の時と同様、自分で民間の支援団体に相談したり、自治体等で行われている日本語クラスに応募したり、ハローワークに通ったりする必要がある。

　しかし、在留資格を得たからといって、その翌日から役所での手続きなどを何でも自分一人でこなすことができるだろうか。アパートを見つけて引っ越しをしなくてはならなくても、不動産屋等での手続きを自力で進めることは難しい。先々の自立的な生活を見据えて、申請結果が出る前から日本語や日本社会の慣習などを体系的に学ぶ機会を得ているのでなければ、なおのこと困難であろう。日々支援にあたっていると、彼ら彼女らが役所での手続きや仕事探しだけではなく、日常のもっと細々した困りごとを抱えているのを目にする。そして、それらを気軽に問い合わせることのできる先を求めているのが分かる。難民認定や在留特別許可を受けた後も、自立した生活を送れるようになるためのきめ細やかな伴走支援、そしてそのための支援体制が必要である。

2　事例：子どもを抱えながらのシングルマザー （アフリカB国出身のミシェルさん）

　ミシェルさんは30代の女性。子どもがいるシングルマザーである。日本に来て10年が経つ。日本で難民認定申請をし、2年前に在留特別許可を取得した。ミシェルさんは、難民認定申請中は「特定活動6か月」の在留資格を持っていたため、仕事をしていた時期もあったが、持病の悪化から働き続けることができなくなってしまい、自治体から生活保護を受けていた。体調が落ち着いたら、就労を再開したいという希望を持っていた。また、日常会話レベルの日本語は分かるが、役所や病院でのやりとりとなると自分でこなすことが難しいため、支援団体のスタッフに電話で通訳を依頼することが多い。

日本語で書かなければならない書類についても、役所のケースワーカーや支援団体スタッフに代筆をお願いしていた。特に、子どもの小学校入学をひかえ、さまざまな準備をしないとならなかった時期には、支援団体スタッフに自宅まで来てもらい、書類を記入したり、購入が必要な学用品を一緒に確認したりした。コロナ禍もあって学校とのコミュニケーションがいっそう難しくなったため、分からないことがあると直接学校に行き、学校の先生に相談をしていた。

　在留特別許可を得たことで、在留資格の更新は6か月に一度から1年に一度となった。在留資格が以前よりも安定したことにほっとしたミシェルさん。体調を整えながら、少しずつ就労準備を始めたいと思っていた。以前から縫製技術を身につけたいとも希望していたため、縫製を学べる学校・施設を支援団体に探してもらった。しかし、日本語の読み書きができないと参加が難しかったことに加えて、自治体等から費用の補助が出るようなものは見つからず、費用を自己負担することができなかったため、あきらめることとなった。また、小学生の子どもが学校の勉強でつまずいており、学校で補習を受けてはいたものの、なかなかできるようにならなかった。心配が募ったミシェルさんは、支援団体のスタッフに通訳をしてもらいながら学校の先生に相談したところ、そういうことであればとスクールソーシャルワーカー[2]との面談を設定してもらえることになった。無料の学習支援教室が地域の中にないかといったことについても相談することになった。

　ミシェルさんは同国出身の友人に仕事の情報を尋ねたり、ハローワークに行ったりしながら仕事探しを開始した。育児や通院との両立も考え、まずはパートタイムの仕事を探すことにした。ゆくゆくはフルタイムで働いて、自立した生活を送りたいと考えている。

事例から見えること

❶ 人とのつながり

　ミシェルさんは、住んでいる地域に知り合いがおらず、日本人・日本語話

者とのつながりもほとんどないという。そのため、何年経っても通訳や翻訳のサポートをお願いできる人が支援団体の他にはないという状況が続いている。同国出身の友人はいても別の地域に暮らしている人ばかりで、普段直接会うことはあまりなく、電話やSNSでやり取りすることが多いということだった。子どものことについては、支援団体の他には市役所のケースワーカーや学校の先生と相談している。しかし、学校の時間割や持ち物などについて日常的に身近に相談できる相手がいないようで、学校の先生からは「時間割を理解できないみたいで、お母さんが毎日すべての教科書をランドセルに詰めこんで子どもに持たせている」という話を聞いた。難民・外国人支援に特化した団体ではなくても、住んでいる地域で気軽に相談できて、手助けしてくれる窓口があれば、ミシェルさんはもっと暮らしやすくなるだろう。

❷ 来日間もない時期における日本語教育の必要性

　ミシェルさんは来日後、地域の日本語教室に通ったことがあるようだった。しかし、週に1回程度の学習ではあまり上達せず、「日本語は難しい」とあきらめてしまいがちだった。これは定住支援策がないということにもつながるが、特に来日間もない時期に、難民申請者が無料で、かつ、日本語学校のように集中的に日本語を学ぶことのできる制度やプログラムはない。難民申請者は決められた場所に集まって住むわけではなく、自分で住まいを探すなどしてさまざまな地域でそれぞれ暮らしている。そのため、住まいから近い日本語教室に通う人が多い一方で、地域によっては日本語教室が近くにないという場合もある。また、ミシェルさんが来日した10年前は、オンラインで学ぶ環境が現在よりも整っていなかった。非常に限られた外務省の保護費の中から日本語教室に通うための交通費を工面するということが、難民申請中の人たちの生活上、負担になる場合も多い。

　現在のミシェルさんは、簡単な日本語での会話ができるようになっているが、その日本語力は、来日から数年経って働き始めた勤め先や、その地域で暮らしていた際に身につけたという、いわばサバイバルの日本語である。「日本語を学ぶ」ということから離れて久しいが、在留特別許可を得た現在

も、日本語を学び直したいとは思っていないようだ。仕事探しや子育てで毎日精一杯ということと、日常生活はサバイバルの日本語でなんとかなっているからだ。役所などの手続きについて困ると、支援団体に通訳してもらって乗り切るといった処世術も身につけているように見受けられる。しかし、日本語があまりできないので仕事が見つからない、あるいは仕事が非常に限られるという声を難民の人たちから聞くことがある。「市役所から助けてもらうのではなく、自分で仕事をして自立したい」というものの、なかなか仕事が見つからず、生活保護から抜けられないというケースもある。さらに、子どもを育てる中でも日本語ができないことによる弊害がある。親が未成年の子どもに通訳をさせるといったことも珍しくなく、子どもが負担を強いられている現実がある。多言語対応や翻訳機等を使ったサポート体制を整えることに加えて、難民申請中の人たちが、先を見据えて早期に日本語を学んでおくことも大切である。学ぶタイミングを逸すると、日々の生活に追われ、本人のモチベーションやその先のステップアップの機会が失われてしまうからである。難民申請中であっても、集中的かつ体系的に日本語を学ぶことのできる日本語教育の仕組みが作られることが望ましい。

3　事例：キャリアが中断してしまう（中東C国出身のサーラさん）

　サーラさんは、母国で最も優秀な大学の一つと言われている大学に入学し、卒業後は、大学で教えるようになった。また、私生活では、結婚をして3人の子に恵まれ、子育てに奮闘していた。しかし、サーラさんの母国では、女性の外出を制限したり、就学を禁止したりしている宗教系過激派組織が国を統治しており、サーラさんも大学からの帰宅途中に、その組織の者に止められ、高学歴の女性であること、男性の同伴者なしで外出していること、さらには高等教育機関にて女性に教育をしていることを理由に暴行を受け、脅されたため、大学に通勤することができなくなってしまった。また、サーラさんは、母国で長年差別や迫害をされてきた少数民族であり、信仰する宗教の

宗派も少数派であったことから、身の危険を感じて国外への脱出を試みた。これまでの学歴と職歴を活かして、日本の大学院を受験し、無事合格したことが幸いし、留学生として来日することができた。

　来日後、予定通り大学に入学した。その後、家族呼び寄せで、夫と子ども3人も来日した。そして、サーラさんは日本で修士課程を修了し、博士後期課程に進んだ。博士後期課程の3年目の年、サーラさんの母国では、ますます治安が悪化し、女子はほとんど高等教育を受けられなくなった。そのような状況で帰国した場合にサーラさん自身に身の危険があることは明らかであったことに加え、夫や子どもたちの母国での安全も脅かされていたことから、家族全員で、日本で難民申請することにした。母国の治安が改善し、慣れ親しんだ文化の言葉が通じる国で、自分のキャリアを積みながら家族一緒に幸せに暮らすことを思い描いていたので、日本で難民認定を求めることは、自分の母国を捨てるように思えて、とても勇気のいることだった。

　母国の治安状況がどんどん悪くなり、勉学に集中できなくなったため、サーラさんは、博士後期課程を退学した。すると、今までの留学の在留資格から、難民申請中の特定活動の在留資格に変更になった。就労制限はなかったので、仕事が見つかりさえすれば収入を得ることもできたが、それがなかなか難しかった。20社以上のコンビニに応募したが、面接で漢字の読み書きができるか聞かれて、それができないことが分かると断られた。電気代やガス代を支払うことが難しいほど困窮した。あきらめずにコンビニ店員を募集しているポスターを見つけてはそのコンビニに入っていき採用を頼み込む、ということを繰り返していたある日、雇ってくれるコンビニが見つかり、やっと収入を得ることができた。夫も同様に苦労して就職活動をしていたが、レストランの皿洗いの仕事しか見つからず、2人で合わせて20万円以下の月収で家族5人が暮らした。

　難民認定の申請から約1年半待ったのち、入管から呼び出しがあり、家族全員、難民として認定されたことを告知され、5人とも定住者5年の在留資格を付与された。難民認定後は、サーラさんは小売店に採用され、清掃を担当したり、バックルームにて商品を開封したり、整理したりする仕事をして

いる。コンビニでの経験もあるのでレジ等少しでも接客に関わる仕事を希望しているが、まだ日本語力が足りないという理由で、勤務開始から5年経つ今でも接客にはほとんど関わることができていない。さらには、現在の仕事はサーラさんが母国や日本で学んできたこととは関係がなく、サーラさんは自身の専門性を活かした仕事や教育関係の仕事を望んでいるが、来日して10年、難民認定されてから5年が経つ今でも、それは実現できていない。

　また、子どもたちは日本語をサーラさんや夫よりも流ちょうに話しているが、なぜか学校の成績は良くなく、長女が現在通う中学校の先生からは、高校進学はあきらめたほうがいいと言われてしまった。

事例から見えること

❶ キャリアの中断

　キャリアは、仕事上の経験や経歴を示すだけでなく、広義では生き方そのものを指すと言われているが、まさにサーラさんは、その両方を中断せざるを得ない状況に陥っている。

　よく移民や留学生と難民の違いを比較することがある。今回のサーラさんの事例にもある通り、留学生だから難民ではない、ということはない。留学生でありながら、難民の定義に当てはまる難民である事案も存在する。しかし、難民の場合は、母国に帰国することができないため、母国で積み上げてきたキャリアや、日本に留学して学んだことを、文化や言葉が最も通じ、ネットワークやコネもある母国に戻って活かす、ということができない。その代わりに庇護を求めた先の国でそのキャリアを継続させられることが望ましいが、サーラさんの事例にもある通り、日本語力、特定の国でしか通用しない資格の問題、文化の違い、適切な支援の不足などさまざまな理由からキャリアを中断し、自らの能力を活かした職に就くことができず、これまでのキャリアをすべて捨てて、ゼロから人生を再スタートするしかない、という難民の人が多い。

❷ 子どもの教育の中断と学習言語

　サーラさんの子どもたちが両親よりも日本語を流ちょうに話しているのは、生活言語能力としての日本語を習得しているからであるが、中学の先生から高校進学をあきらめざるを得ないと言われてしまったのは、学習言語能力が備わっていないからであると考えられる。しかし、サーラさんが、「なぜ自分の娘が中学の先生からそのように言われるのか分からない、自分より日本語がうまいのにどうしてだろうか」と言うように、生活言語と学習言語の違いについて知識を持っている外国人の親は必ずしも多くはない。学習言語能力は、教科学習のための言語であり、すなわち論理的思考能力の基礎にもなると言われている。その習得には生活言語の習得と比べて何倍もの時間がかかる。また、母語の言語能力の程度にも左右される。

　難民の子どもという視点から考えると、移民の子どもの事例と同様に親の事情で母国での学習を中断し来日せざるを得ないという状況に加え、サーラさんの事例のように子どもを含む家族全員の命が危険にさらされ、日本に逃れて来ている場合もある。いずれの場合も、子どもの教育を考えた際、これまで母国で受けてきた教育が中断され、来日後、母語でも日本語でも学習言語能力が備わらず、抽象的・概念的学習を進められないという課題がある。また、難民の子どもの中には、迫害から逃れるため、母国で学校にほとんど通えなかったという子もいる。さらに、日本語を親が理解しない場合は、親による子どもへの学習面のサポートが困難であったり、経済的理由で塾に通わせることができなかったりする等の課題もある。一人ひとりの難民の子どもに寄り添い、適切な知識を持って、親の理解や協力を得ながら、日本が難民条約に加入する前に受け入れた難民や、移民の子どもたちの事例からも学びつつ、地域の学校など教育現場とも連携しながら、問題解決を図っていく必要があるだろう。

4　事例：収容の問題（アフリカD国出身のアリスさん）

　アリスさんは、母国で迫害の恐怖にさらされていたため、子どもたちを残して、日本へ逃れてきた。来日は、叔父からの提案であり、アリスさん自身は、難民や庇護についてさえも知識がないまま出国した。叔父が手配してくれたパスポートとビザと航空券を手に、日本行きの飛行機に乗った。日本の空港に到着し、列に並んでいるときに、空港職員に呼ばれて別室に連れていかれ、さまざまな質問をされた。国外に出ることは、今回が人生で初めてで、何が起こっているのかも、これから何が起こるのかもアリスさんには分からなかった。英語話者であるアリスさんに職員は何度も「ゴーバック（Go back）」と言った。ずっとそれを言われ続け、アリスさんは大きな恐怖に襲われていた。なぜ日本に来たのか聞かれて「旅行」と答えた。叔父の手配で、ホテルも予約してあったし、日本のビザもあった。しかし、長いやり取りの末、職員からは、「上陸は拒否されたので、帰国するように」と言われた。アリスさんはその言葉を聞いて混乱と恐怖でいっぱいになり、泣きながら「旅行者として来たが、本当は庇護を希望している」と伝えた。すると、空港で収容された。携帯電話を没収され、7日間空港に留め置かれた。庇護を希望すると伝えてから6日後に難民申請書を職員から渡され、記入して、提出し、難民申請をした。その後、入国から7日目に、地方入管の収容場に移送された。

　移送されて1週間ほど経った頃、筆者が勤める団体に連絡があり、それ以降、スタッフが面会を重ね、精神的なケアをするのと同時に、帰国できない理由を聴き取り、難民該当性の主張を整理し、立証のための証拠資料を収集し翻訳するなどの法的支援をした。収容場の同室には、アジア出身の人と中南米出身の人がいた。この施設にいつまで収容されるのか、自分はどうなるのか、一切入管施設の職員からは話がなかった。同室のアジア出身の女性はここに2年3か月いると言い、また中南米出身の女性は5か月いると言っていた。彼女らが夜中に突然泣き出したり、うなされたりするのがアリスさん

のトラウマになった。徐々にアリスさん自身の体調も悪化していき、強い頭痛と体の震えやしびれの症状が出るようになった。それを入管職員に伝えると、数週間待たされた後、収容場内の医師に診てもらい、外部の病院での診療が必要と判断され、さらに数週間待った後に、手錠をされて、職員同行のうえで、診察を受けに行った。しかし、外の病院に行く際には、手錠腰縄をされるため、それがつらくて外部の病院の診療の希望を出さなくなった。また、収容場内の医師に診てもらったときも、外部の病院の医師の診察を受けたときも、治療はされず、痛み止めを処方されるだけだった。診察を重ねても、処方される痛み止めの種類が変わるだけだった。アリスさんと同じように収容されている外国人の多くは、将来が見えない収容生活で精神的に疲弊しており、ちょっとしたことで入管の職員といざこざになった。そして、問題を起こしたと言っては、入管職員 5 人くらいで外国人 1 人を取り囲み、懲罰房と呼ばれていた一人部屋に入れて収容していた。

　アリスさんは、ある日入管職員との面談で、釈放後の住居を準備するように言われた。日本には知り合いが誰もいなかったので、同室の人らに助けを求めながら、支援団体や支援者を頼って手配し、書類を整えて提出すると、日本入国時点から難民申請を出した後も続いていた約 2 か月間にわたる収容から釈放された。そして、それからさらに約 8 か月後、入管に呼ばれて、「難民として認定された」と告知された。定住者の在留資格を付与され、日本で初めて在留資格と就労資格を手に入れた。そこから、アリスさんの、自立に向けた第二の人生が始まった。

　一番にアリスさんが望んだのは、子どもたちの呼び寄せだった。そのために難民申請に引き続き、苦労して呼び寄せのための書類を作成して入管に提出した。しかし、3 か月待った後の結果は不許可。行政相談で理由を聞くと、「アリスさんの収入が子どもたちを養うには不十分だから」と言われた。収容を乗り越え、やっと難民として認定され、日本での在留を認められたかと思ったら、今度は家族統合という、また人間として当たり前の権利を行使できない現実に直面することになった。

事例から見えること

❶ 収容の問題

　収容の問題は、第一義的に、収容そのものである。収容とは、自由を奪うことである。人の身体の自由は、基本的な人の権利であり、命の次に大事な権利であるといっても過言ではない。諸外国では、あくまで収容とは、強制送還を実現するためのものとして捉えられているが、日本では、強制送還の対象になった場合、送還ができるまで収容ができることで長期収容が可能になっている。

　日本には難民ビザや庇護ビザは存在しない。そのため、アリスさんのように実際は庇護を求めて来日した場合でも、来日時のビザはいわゆる観光の短期滞在のビザである事案は多い。そして、入国時にそのビザの目的に疑義があると日本政府が判断すると、たとえ庇護を希望して来日した場合でも、非正規の入国者として収容されてしまうことが多々ある。ビザの問題以外にも、難民は、母国の政府から保護を受けられない人たちであり、母国の政府からのパスポートの発行といった国民としての基本的サービスが受けられないこともあり、偽造のパスポートで来日せざるを得ないことがある。難民条約には、難民の非正規の入国や滞在について罰してはいけないということが明記されている。問題は、収容可否の判断、そしてその期限ともに、入管職員の裁量に委ねられている、ということだ。アリスさんも、庇護ビザがないので、一番入手しやすかった短期滞在のビザで旅行者として入国したが、実際の入国目的は庇護希望であり、それを訴える機会を逃したことから、非正規の入国者として収容された。

　また、収容後の被収容者の心身に与える影響は、アリスさんが体験したり見聞きしたりしたさまざまな症状として表れており、そのような心の傷は、収容を解かれ、難民として認定された後も長年その人の中に残る。さらに、収容場の外に行く際は常に手錠腰縄をされて人間としての尊厳を奪われ、提供される医療も治療ではなく痛み止めといった対症療法のみであり、収容によって、どんどん人間が壊されていく様子が見て取れる。難民が、日本に逃

れてきた後、新たな土地で、安全に、安心して自立へ向けて歩みだすために
は、心身ともに健康であることが重要であり、命からがら逃れてきた先で心
身の健康を損なわせてしまうような収容はあってはならない。

❷ 家族統合の課題

　難民申請中は多くの場合、在留資格の関係から家族を呼び寄せる資格がな
い。しかし、難民認定され定住者5年の在留資格を付与されると、配偶者と
子どもを呼び寄せることが可能になる。しかし、実際は、アリスさんの事例
にもある通り、呼び寄せる家族を養うだけの十分な収入がなければ、許可さ
れない。

　結果として、難民認定までに何年も待たされたあげく、家族を呼び寄せる
のにさらにまた何年もかかってしまい、その間、日本に逃れてきた難民は、
家族と一緒に暮らすという基本的な権利を行使できない。幼児のときに別れ
た子どもが高校生の年齢になってから、やっと再会できるという例も複数存
在する。

　このような状況を考えても、難民認定の申請中の段階から、自立に向けて
努力が可能な法的な地位と就労資格の付与、そして、それが叶わない人に対
するセーフティネットの存在が大切である。

■注
1）第2章の「保護措置」と同じ制度を指す。
2）文部科学省は「スクールソーシャルワーカーは、社会福祉の専門的な知識、技術を活
　　用し、問題を抱えた児童生徒を取り巻く環境に働きかけ、家庭、学校、地域の関係機
　　関をつなぎ、児童生徒の悩みや抱えている問題の解決に向けて支援する専門家」と定
　　義している。文部科学省『生徒指導提要』2010年3月。

第 5 章

難民申請者は
どのように
生き延びているのか
──非正規状態におかれている人たち

加藤丈太郎

　本章は、難民申請者でかつ非正規の状態に置かれている人たちに焦点を当てる。まず、難民申請と「非正規」の状態がどのように関連するのかを説明する。次に、「非正規」という状態が難民申請者にどのような制約を生み出しているのかを述べる。さらに、「非正規」という状況下で難民申請者がどのように生き延びているのかを明らかにする。さいごに、「非正規」という状況を解消するために何か必要なのかを考える。

はじめに

　本章は、難民申請者でかつ非正規の状態に置かれている者がどのように生き延びているのかを明らかにする。まず、「非正規」という語について補足しておく。ここでの「非正規」とは、在留資格を持たずに日本国内で生活している状態をいう。一方で、法務省はこれを「不法（残留）」と呼ぶ。筆者はヒトを「不法」という語で表すのは問題であるという立場を取っている。「不法」は犯罪と結びつけられやすく、悪質なイメージを植えつける一方、非正規の状態に置かれている者のほとんどは刑事罰を受けているわけではないからだ。そこで、本章では「不法」の代わりに非正規を用いる。なお、法務省統計等の引用をする際に「不法」という語が出てくる際には、カッコ付きで用いる。

　ここでは、筆者が2017年7月16日から2020年3月8日まで非正規移民[1] 38名を対象に行ったインタビュー[2]のうち、難民申請をしていた16名の語りを主に分析する。また、彼／彼女らの元雇用主2名の声も紹介する。個人情報保護の観点から、本文中の氏名はすべて仮名としている。筆者は2010年4月から2017年3月まで、外国人（移民）支援NGO/NPOで相談員を務めた経験がある。難民申請者を含む外国人（移民）の相談対応を行い、東京（出）入国（在留）管理局に毎週のように同行し、現場の事情を把握してきた。第1節、第2節では元相談者の個人情報にはふれない形で、当時の経験から得られた知見も共有する。

　難民申請者のうち非正規の状態に置かれている者はどのくらいいるか。法

務省は「不法残留者」の統計を公表しているが、うち何名が難民申請をしているのかは明らかにされていない。しかし、法務省が別に公開しているデータからある程度の推計は可能となっている。法務省によると、2022年中に難民申請を行った者は3772人である。うち703人が「非正規在留者」である。これに2022年以前に難民申請を行い、結果が出ていない「非正規在留者」の数を加えると総数になる。なお、難民申請の「平均処理期間」は、一次審査で約33.3月、不服申立てで約13.3月、合わせると46.6月（3年10.6か月）と公表されている[3]。難民申請から最終的な結果が出るまでには相当の時間がかかっている。ゆえに、難民申請者でかつ非正規移民である者の数は、703人よりも相当多いと推測される。

　本章の第1節では、難民申請と「非正規」の状態がどのように関連するのかを説明する。ここでは難民申請を誤用・濫用せざるを得ない背景についても触れる。第2節では、「非正規」という状態が難民申請者にどのような制約を生み出しているのかを述べる。第3節では、「非正規」という状況下で難民申請者がどのように生き延びているのかを明らかにする。さいごに「非正規」という状況を解消するためには何が必要なのかを考える。なお、分析対象の16名以外には、難民申請後、在留資格「特定活動」を更新し続けてきたが、難民申請の結果が不認定となった後、在留資格「特定活動」の更新が認められなかったクルド人の事例[4]なども存在する。

1　難民申請と「非正規」の状態はどのように関連するのか

　分析対象の16名が非正規となる過程を見ると、3つに分けられる。3つとは、(1)「特定活動」の者への在留制限、(2) 超過滞在、(3) 上陸拒否である。順に説明する。

(1) 「特定活動」の者への在留制限

これには16名のうち3名が当てはまる。2010年3月から2018年1月まで、法務省は難民認定手続に6か月以上かかる者について、彼／彼女が在留資格を有する状態で難民申請を行った場合、申請から6か月を経過後に「特定活動」での在留許可ならびに就労許可を認める措置を取ってきた。この措置は難民申請数の増加の一因となった。難民申請数は2017年には過去最高の1万9629人（前年比+8728人）を記録した。2017年の申請数では、難民申請時の在留資格が「技能実習」の者が3037人（全体の15.5%）、「留学」の者が2036人（全体の10.4%）を占め、技能実習・留学での活動に困難を抱えた者が日本に残り、就労を続けるための手段として難民認定制度が使われた側面も否定できない。

2018年1月以降、法務省は難民申請のケースを申請から2か月以内にA、B、C、Dで振り分けるようになり、「A案件：難民条約上の難民である可能性が高い案件、又は、本国が内戦状況にあることにより人道上の配慮を要する案件」以外には在留や就労を認めない措置を取るようになった（第6章参照）。「不法残留者」のうち、元の在留資格が「特定活動」の者は2018年1月1日時点で2286人だったが、2019年1月1日時点で4224人、2020年1月1日時点で5668人、2021年1月1日時点で5904人[5]と増加が続いており、難民申請者への在留制限の影響がうかがわれる。本章の分析対象者もこの影響を受けている。元技能実習生トリン（ベトナム出身、女性、30代、2016年来日）は2017年1月に難民申請をした。一度は在留資格を「技能実習」から「特定活動」に変更できたものの、その後、難民申請が不認定となり、特定活動の在留資格も更新できず、そのまま東京入国管理局へ収容され非正規移民となった。

(2) 超過滞在

16名のうち11名は（結果的に）超過滞在となった。ここでは、2名の例を

見る。元技能実習生のアン（ベトナム出身、女性、30代、2012年来日）は、来日のための借金の返済に追われ、3年間の技能実習だけでは目標額の貯金ができなかったため、技能実習の在留期限が過ぎても日本に残り、働く機会を探していた。そして、インターネット上で知り合ったベトナム人に「ビザ（在留期限）が切れた後でも難民申請をすれば、特定活動ビザ（在留資格）がもらえる」と聞いた。「絶対収容されないので信じてください」との言葉を信じて、このベトナム人に5万円を払って申請方法を習い、2015年3月に難民申請をした。しかし、在留期限が切れている中、難民申請によって新たに在留資格が得られることはあり得ない。アンは、難民申請時に、そのまま東京入国管理局の入国者収容所へ収容された。

　ミリアム（フィリピン出身、女性、30代、2016年来日）はシングルマザーで自らが生計を立てる必要があった。「フィリピンで従事していたショービジネスは稼ぎが安定しない。『日本に行くか』と上司が尋ねてきた」と述べ、上司が来日の仲介者であった旨を明らかにした。その後、ミリアムは日本に在留するための方法として難民申請の仕方を習った。2016年9月に短期滞在で来日し、1週間後に難民申請を行った。「特定活動」での在留許可・就労許可をねらっていたと思われる。元上司はミリアム以外のフィリピン人にも、この方法での来日を指南していた。ミリアムがいうには元上司は仲介料として一人あたり44万円を請求していた。ミリアムは「3か月の短期滞在の在留資格を得た。入管から在留手続について知らせるハガキが2016年12月XX日[6]に来たが、短期滞在（ビザ）の在留期限はその3日前までだった。ハガキが来たときには、3日（在留）期限を過ぎていた。だから、ビザ（在留資格）の変更ができなかった」と述べる。

　アン、ミリアムいずれの例も日本に合法的に在留する方法を模索していたように見える。しかし、彼女たちが合法的に在留する道は開かれておらず、彼女たちは「非正規」となった。

（3）　上陸拒否

　16名のうち2名がここに当てはまる。いずれもネパール人男性である。ネパールはビザ免除措置の対象とはなっておらず、ビザがなければ日本に入国できない。しかし、2名ともパスポートだけで日本に来られると信じていた。ビザがないことで、上陸拒否にあうとは思っていなかった。

　ラル（ネパール出身、男性、20代、2015年来日）はブローカーに120万円を払い「パスポートで行けば日本の永住権が取れる」と言われ、それを信じて2015年9月に成田空港へと飛んだ。日本での稼働を目的としていた。しかし、ネパール人はビザがなければ日本に入国できない。成田空港で入国審査官に「ビザないなら帰って」と言われたが、帰国せず、成田空港そばの収容施設に収容された。そして「難民出さないと、無理やりする」（難民申請をしないと、強制送還をする）と収容施設内の入国警備官に言われ、難民申請を行った。

　一方、シバ（ネパール出身、男性、30代、2016年来日）は65万円をブローカーに払った。「2015年のネパール大地震で借金を抱えたこと」、ネパールでは「ヒンドゥー教が多数派の中、仏教を信仰しており迫害を受けていること」を理由に来日した。ラルと同様、来日前にビザは取得しておらず、結果的にラルと同じく成田空港そばの収容施設に収容された。

　そもそも、ネパール人がビザなしで出国し、日本に来ることは可能なのか。法務省入国管理局統計「理由別上陸拒否数」のうち「有効な査証等を所持していない事案」が2016年に122件あげられている。つまり、ビザを持たずに空港に来る者は存在していた。また、ネパール人の上陸拒否件数が2015年で34件、2016年で35件とあり、ラル、シバのケースはこれに含まれる。

　難民申請者はどのように「非正規」となるのかについて、3つ（（1）「特定活動」の者への在留制限、（2）超過滞在、（3）上陸拒否）に分けて見てきた。彼／彼女らは日本で正規に在留する可能性を探るため、また、来日後すぐの強制送還を避けるために難民申請を行っていた。いずれも「非正規」の状態となったのは本人の意思によるものではなかった。しかし、結果的に「非正

規」の状態となっている。では、「非正規」になると、どのような制約を受けるのであろうか。第2節で見ていく。

2　「非正規」による制約（収容、仮放免、一時旅行許可）

　在留資格がなく、かつ難民申請において不認定となった場合、入国者収容所に「収容」される可能性がある。入国者収容所の外に出られたとしても、それは「仮放免」である。仮放免ではさまざまな制限が課され、例えば、自らが住んでいる都道府県の外に出るには「一時旅行許可」を得なければならない。ここでは、これらの制約の実態について述べる。

(1) 収容

　収容には収容令書による収容と、退去強制令書による収容がある。収容令書による収容は、期限が決められている。それは、ある者が在留資格を持っていない状態が出入国在留管理局に発覚してから、法務大臣が退令を出すのか在留特別許可を認めるのかの判断を下すまでの間で最長60日と定められている。一方、退去強制令書による収容は、すでに退去強制令書が発付されている者を退去強制（強制送還）するまでの間の収容を指し、期間の定めがない。ただし、一時的に収容を解かれ、入国者収容所の外に出られる場合がある。これを仮放免という（次項で説明する）。

　分析対象の16名のうち14名が退去強制令書による収容を経験している。14名のうち最も長い者では収容期間がインタビュー時点で3年に及んでいた。刑事事件の場合、刑務所で服役する期間は、無期の場合を除き決まっている。しかし、入国者収容所での収容ではいつ外に出られるのかが明確ではない。また、仮放免の「許否判断に当たって考慮する事項」こそ、出入国管理及び難民認定法第54条第2項及び仮放免取扱要領第9条に記載があるが、不許可になった場合、「総合的に判断した結果（中略）不許可」と理由が記された

紙が申請者に渡されるだけで、具体的な理由は明らかにされない。

　元留学生のフイ（ベトナム出身、男性、20 代、2013 年来日）は在留資格「留学」の在留期限が 2016 年 X 月 X 日[7] に切れ、その 1 日後、日本で在留を続けるための方法を聞きに入国管理局に赴いたところ、そのまま収容された。入国者収容所から難民申請を行い、収容から約 9 か月後に仮放免となった。フイは 9 か月の収容を振り返り「今まで理解できないことは、みんな収容されていて、若い人ばかりじゃないですか、それがもったいないじゃないですか。少しでも力を使いたいですね。（その力を）使えずにずっと中にいて。もったいないじゃないですか」と憤る。たしかに、当時は元技能実習、元留学からの「不法残留者」が増えており、フイと同年代の者が多数収容されていて、筆者もフイと同じ考えを持った。

　スキビル（インド出身、男性、30 代、2008 年来日）は収容を経験していない。しかし、スキビルのように収容を経験していない者にも、収容は影響を及ぼしている。スキビルは「定住者」の在留資格を有するフィリピン人女性と結婚し、女性の連れ子 1 人と夫婦の間に生まれた子ども 2 人と 5 人で生活をしている。日曜日は、仕事は休みだが、スキビルは「友人の店の看板を直したりして、アルバイトをして細かく稼いでいる」という。筆者が「なぜ日曜日も働くのか」を尋ねると、「難民申請の結果が不認定で、自らが入国者収容所に収容される場合を想定し、家族が生活に困らないように貯金をしている」と答えた。

　収容はヒトの身柄を拘束する。収容はヒトに重大な影響を及ぼす行為のため、収容に代わる措置が検討されるべきである。万が一、収容を続けるのであれば、現行の運用を改める必要がある。例えば、収容には期限を設け、不許可の場合は理由を明らかにすることが考えられる。

(2)　仮放免

　入国者収容所での収容を解かれると、仮放免の状態となる。仮放免制度とは「退去強制手続は、身柄の収容を前提として行われるところ、収容されて

いる者について、病気その他やむを得ない事情がある場合、一時的に収容を停止し、一定の条件を付して、例外的に身柄の拘束を解く」[8]制度である。2021年には5910人が仮放免[9]の状態にある。退去強制令書によって収容されていた場合、入国者収容所の外でも退去強制（強制送還）の対象であることに変わりはない。「一定の条件」の中でも、特に大きな制約となっているのが、仮放免中には働いてはいけないという条件である。

　難民申請中で、かつ仮放免の状態にあった非正規移民に働いてもらっていた農家の森本氏は「難民（申請者）が、仕事ができないのは、おかしい。人の一生を変えさせてしまう法律自体がおかしいのではないか。犯罪もしていないのに、理由もなく、収容され、犯罪者扱いにされてしまう。そのような（嫌な）思いを外国人はさせられてしまう。入管は人間的な対応をしてほしい」と現行の対応を批判する。

　仮放免では1か月ないし2か月に1回、仮放免許可更新申請のため、出入国在留管理局への出頭が求められる。出頭時には入国警備官に生活状況を細かくヒアリングされ、難民申請中であっても、ときには強く帰国を迫られることもある。出入国在留管理局は難民認定も、退去強制（強制送還）のいずれも業務としている。難民申請中の者に、難民調査官ではない、別の部門の入国警備官が帰国を迫るのは果たして妥当であろうか。さらに、入国警備官が抜き打ちで、自宅を訪問し、近隣の住民に聞き込みを行う場合もある。仮放免というだけで、このようにプライバシーが侵害されている状況は見過ごせない。

　仮放免の状態に置かれている者の中には、出頭の日が近づくと、いらだちを隠せなかったり、眠れなくなる者も存在する。出入国在留管理局が出頭時に難民申請の不認定の通知と同時に、仮放免許可更新申請を不許可とし、そのまま入国者収容所に収容する場合があるからだ。実際に、前述のアン（ベトナム出身、女性、30代、2012年来日）は「いつまた収容されるかが怖く」なり、出頭しなくなってしまった。

（3）　一時旅行許可

　出入国在留管理局は、仮放免を認める際の「一定の条件」として、自らが
住んでいる都道府県の中、および出入国在留管理局との往復以外の移動を原
則として認めていない。仮放免を受けている者が、自らが住んでいる都道府
県外に出たい場合は、事前に出入国在留管理局に一時旅行許可申請をし、許
可を得る必要がある。申請書には、いつ、どこで、誰と、何のために会うの
かを記し、さらには証拠書類を添付して提出をする必要がある。ヒトには本
来移動の自由がある。しかし、その自由を仮放免は制限しているのだ。一時
旅行許可をそのつど申請することは、仮放免の状態にある者が面会する相手
のプライバシーを出入国在留管理局にさらすことにもなる。

　トゥシャーラ（スリランカ出身、男性、40代、2003年来日）は、日本で長く暮
らし、日本語が堪能である。トゥシャーラが暮らす地域ではスリランカ人が
急増しており、警察が介入をせざるを得ないトラブルが発生する場合もある。
トゥシャーラは警察から通訳を頼まれることがある。しかし、以下のように
通訳に行けない場合がある旨を述べる。

　　　XX県（自らが居住する県の隣の県）でも助けてあげられる。だけど、私
　　は一時旅行許可をとるのがとてもめんどくさい。だから、ここから離れ
　　ることができない。「あなたちょっと、ここきてくれる」と（警察に）言
　　われたとき、XX県、近いけど、県が違うから、私そこはできないと言
　　う。電話なら大丈夫ですと、電話で対応をする。

　このトゥシャーラの言葉からは、警察が、仮放免の状態にある者が一時旅
行許可を取らないと県外に出られない状況を把握・想定していない旨が分か
る。出入国在留管理局が警察ですら把握・想定していない措置を独自に行っ
ているのである。

　本節では「非正規」による制約として、（1）収容、（2）仮放免、（3）一時

旅行許可をあげた。たしかに、これらの制約があるのは事実である。しかし、制約がありながらも、難民申請者は日本で生き延びている。第3節では彼／彼女らがどのように生き延びているのかを明らかにする。

3　「非正規」で生き延びる

本節は、難民申請者が「非正規」であっても生き延びている様子を、（1）就労、（2）住居の側面から明らかにする。また、（3）支援団体による食糧、医療等の支援についてもふれる。

（1）就労

前述の通り、仮放免では就労が禁止されている。しかし、何年もの間、就労をせずに生き続けるのは不可能である。実際、分析対象の16名中8名から、インタビュー時点で就労をしている旨が聞かれた。彼／彼女らが従事している仕事の業種は、飲食業、農業、建設業、工業であった。いずれも仕事がきつく、日本の若者の多くは働きたがらない業種である。

アン（ベトナム出身、女性、30代、2012年来日）は飲食業に従事している。居住するアパートのそばで貼り紙を見て、居酒屋のホールスタッフに応募し、その後、週6日、17時から24時まで働いている。アンは居酒屋に加え、10時から16時まで週6回、ラーメン屋の仕事を掛け持ちし、技能実習時の2倍以上の金額を毎月稼ぐようになった。筆者はアンを上述の居酒屋に訪ねたことがある。居酒屋はチェーン店ではなく、個人経営の店であった。ボトルキープがたくさんしてあり、常連客が多いことが分かる。アンは「自分の家みたいです。お客さんも優しくて、技能実習よりも楽しい。日本語の勉強にもなる」と語る。

ミリアム（フィリピン出身、女性、30代、2016年来日）は、来日後、フィリピン人のベビーシッターを経て、日本人ブローカー（派遣会社）の紹介で大手

スポーツメーカーY社の工場で働いた。そこでは、フィリピン人がたくさん働いていた。ブローカーを介したので、大手スポーツメーカーは「自分を合法と信じて使っていたように思う」と語る。

ラル（ネパール出身、男性、40代、2016年来日）は、茨城県の農家で時給「700円」で働いていた。700円とは最低賃金以下である。ラルは、「この仕事を紹介したのはネパール人で、農家の顔はあまり見たことはない」という。ネパール人の紹介者が賃金から手数料を引いてラルに手渡し、結果、ラルの手に入るのが最低賃金以下になっていると推察される。

以上の例からは、非正規の難民申請者は個人経営の店に自ら応募する、日本人・同国人を介して仕事を紹介してもらうなどして就労先を確保していることが分かる。

(2) 住居

分析対象の16名のうちホームレス状態になっている者はいなかった。在留資格を有する同国人の友人、親戚と一緒に住んでいるという例が最も多かった。賃貸借契約時にも在留カードの提示を求められる。非正規の難民申請者は、在留カードを示すことができないため友人や親戚を頼っているのである。筆者は16名のうち3名の住居を実際に訪ねたことがある。彼／彼女らの居住の実際の様子をここに示す。

元留学生のフイ（ベトナム出身、男性、20代、2013年来日）は東京23区内のあるドミトリーに居住していた。「在留カードがないのにどうやって契約できたのか」を尋ねたところ、フイは「すいません、僕、すごく困るんで、居場所がなくて、すごく困っているんで、人道的にお願いいたします」と、知り合いに伝え、在留カードを見せる必要のないドミトリーを紹介してもらった旨を述べる。4階建ビルの3階・4階がドミトリーとなっており、フイの他、ベトナム人とネパール人が共同で生活していた。寝室には2段ベッドが2つ置かれ、個人のスペースには限りがあるが、家賃は「約3万円」と非常に安い。共有スペースの張り紙に記されている名前からオーナーは中国出身であ

ることが推測される。なお、このビルの1階と2階は廃墟になっており、周囲は会社に囲まれている。周辺に勤務している人が、ビルに人が住んでいるとは考えにくいところでフイは暮らしていた。

　ミリアム（フィリピン出身、女性、30代、2016年来日）は、永住者のフィリピン人女性が埼玉県郊外に所有する家で、難民申請をしている同国人たちと共同生活をしていた。家の中では、永住者とその恋人の他に、難民申請をしている男性が4名、女性が4名居住しているのが確認できた。ミリアムは、「永住者が一人につき4万円を毎月徴収していた」という。計算すると、4万×8名＝32万円となる。家のローンの返済、光熱水費がかかるとしても、かなりの金額を永住者が手にしていたと思われる。

　スキビル（インド出身、男性、30代、2008年来日）は、建設業に就業している。社長に、廃屋となっていた社長の友人が埼玉県郊外に所有する家を「自由に直して住んでいい」と言われ、床を自分で直し、壁紙も全部貼り直して家族と住んでいる。家賃は3万円である。新しいガスコンロだと安全装置がついていて、高温での調理ができないために、古いガスコンロを入れて、チャパティを焼いているという。家の前には大きな表札が掲げられ、スキビルは堂々と暮らしていた。

　非正規の難民申請者が自ら不動産会社を通じて賃貸借契約をするのは難しい。しかし、不動産会社を介さない形で、人の紹介で、いずれも居住を実現していた。ただし、紹介は完全な善意ではない場合もある。フィリピン人永住者は、難民申請者を家に住まわせることを、収入源としていた。

(3) 支援団体による食糧・医療等の支援

　シバ（ネパール出身、男性、20代、2015年来日）からは、セカンドハーベストジャパン[10]、CTIC[11]（カトリック東京国際センター）、ISSJ[12]（日本国際社会事業団）など、複数の支援団体の名前が聞かれた。シバは食糧をセカンドハーベストジャパン、CTICから調達していた。在留資格がないと健康保険に加入することができない。しかし、ISSJは難民申請者が病院を受診する支

援を行っており、シバも医療を受けることができていた。

　以上、非正規の難民申請者が生き延びている様子を、就労と住居面を中心に述べた。出入国在留管理局による制約は厳しくなっているが、彼／彼女らは、仕事と住居を確保し、日々の生活を実現するレジリエンス（困難や危機的な状況にあっても、外的環境に順応していく適応力）を身につけていた。

さいごに──「非正規」を予防・解消するには

　本章は、非正規の状態に置かれている難民申請者がどのように生き延びているのかという問いに具体例をもって答えた。彼／彼女らは自らのレジリエンスを持ってたしかに生きていた。しかし、非正規になるのを予防することも必要なのではないだろうか。

　入管での手続では、ほぼすべての書類で日本語での記入を求められる一方、難民申請は唯一、母語での書類の記入ができる手続である。もちろん、母語で記入ができるのは歓迎すべきである。しかし、本来であれば難民申請以外の手続をすべき者が、母語で記入ができる難民申請に流れてきてしまっている側面もあるのではないか。そして、2018年1月以降の在留制限の強化により、「非正規」となる者が増加した。難民申請以外の手続においても、母語で書類の記入ができるようになれば、法務省がいう「誤用」「濫用」難民申請は減るのではないだろうか。

　難民申請を行うと、ノン・ルフールマンの原則が働く[13]。ノン・ルフールマンの原則とは、生命や自由が脅かされかねない人びとが、入国を拒まれ、あるいはそれらの場所に追放したり送還されることを禁止する国際法上の原則を指す。日本で生活基盤や家族を形成した非正規移民が、退去強制（強制送還）を回避するために難民申請を行っている場合もある。法務省は、送還忌避者による難民申請を非難するが、そもそもヒトが非正規にならなければ、送還忌避も発生しない。だからこそ、非正規を予防するのが重要である。

　「移民」と「難民」はよく区別して語られる。しかし、この区別は、あく

までも本人ではなく、ホスト社会の人間が区別しているにすぎない。当初「移民」として来た人が本国の状況が変わり「難民」認定申請をする、当初「難民」認定申請をしていた人が、「移民」として生活基盤を形成する、いずれの場合も存在し得る。本人の主体性に重きを置き、それに合わせた施策の柔軟な運用が必要ではないか。難民認定手続によって、難民と認定された人は2022年までに1117人である。同申請によって日本で安定した在留が得られるというゴールには至りにくいと言える。出口が見えない中で、複数回、難民申請を行い、非正規の状態を続けている者が存在する。これは、本人、省庁、支援者、誰にとってもよいとは言えない。現行では、難民認定手続の途中で日本人や「永住者」「定住者」の在留資格を有する外国人と結婚した場合も、難民認定手続が継続し、一部に人道配慮による在留許可が与えられる。難民認定ではなく、ただ、家族との日本での生活を求めている例の場合は、難民認定手続から切り離して、在留特別許可において審査を進め、「非正規」の状態を解消しやすくするのも一つの案である。

　ヒトを「非正規」のままにしておくのではなく、「非正規」の状態を予防・解消する観点からの施策が難民認定手続においても求められる。

■注────

1）先行研究では「非正規滞在者」が多く用いられている。「滞在者」という語には一時的な滞在、いずれ帰国する人びとという意味が含まれる。国連が「通常の居住地以外の国に移動し少なくとも12か月間当該国に居住する人のこと」を「（長期の）移民」と定義する中、38名はすべて1年以上日本で暮らしていたため、「移民」という語を用いた。

2）この成果は加藤（2022）にまとめている。なお、本章は加藤（2022）の一部を加筆・修正したものである。

3）法務省出入国在留管理庁「令和4年における難民認定者数等について」https://www.moj.go.jp/isa/content/001393012.pdf（2023.3.24）

4）例えば、NHK（2022年4月28日）「"日本で育ってきたのに、働けない"クルド人難民申請者の子どもたち」https://www.nhk.or.jp/minplus/0018/topic059.html（2023.5.22）など。

5）法務省出入国在留管理庁「本邦における不法残留者数について（令和3年1月1日現在）」https://www.moj.go.jp/isa/content/001344148.pdf（2021.5.1）

6）ミリアムからは具体的な日付を聞いているが、個人情報を保護する観点から伏せ字と

している。

7) フイからは具体的な日付を聞いているが、個人情報を保護する観点から伏せ字としている。

8) 法務省出入国在留管理庁「仮放免許否判断に係る考慮事項」https://www.moj.go.jp/isa/applications/guide/tetuduki_taikyo_khm_kouryo.html（2022.1.9）

9) 収容令書によるもの1736人、退去強制令書によるもの4174人の合計。e-stat「出入国管理統計39　地方出入国在留管理局・支局・収容所及び収容事由別　年末現在仮放免人員」（2021年調査、2022年7月29日公開）より。

10) セカンドハーベストジャパンはフードバンクの先駆け的な存在である。商店やスーパーでは販売が難しいが食べられる食品を集め、生活困窮者など食糧が必要な人に無償で提供している。

11) CTICは1990年に設立された、カトリック東京大司教区の一部門である。外国人を対象とした生活相談、食糧支援、外国人収容所への面会活動などを行っている。

12) ISSJは1959年に旧厚生省から認可された社会福祉法人で、世界140か国以上にネットワークを持つ国際福祉機関ISSの日本支部でもある。養子縁組支援、無国籍児童の国籍取得支援、難民移住者支援、離婚後の親と子どもの面会交流支援などを行っている。

13) 2023年6月9日、改正入管法の成立により、法の施工後は送還が停止される難民申請が2回までに制限されることになる。

■文献

加藤丈太郎（2022）『日本の「非正規移民」──「不法性」はいかにつくられ、維持されるか』明石書店

第6章

難民支援の課題は何か

赤阪むつみ

　インドシナ難民を受け入れてから半世紀が過ぎた。世界の難民動向もさることながら日本での難民受入れも、政策による受入れは多様化してきた。しかし、諸外国で見られるような受入れ数、民間支援団体と協力した受入れとは程遠い状況である。私が所属する難民支援協会（以下、JAR）は、日本で暮らす難民を支援している認定NPO法人である。1999年設立後、「難民の尊厳と安心が守られ、ともに暮らせる社会へ」をビジョンに掲げ、難民への直接支援、政策提言、広報活動を3つの柱とし、日本国内の難民支援のネットワーク団体である、なんみんフォーラムの設立当初からの加盟団体でもある。日本の難民受入れの現状をみることで、日本の難民問題の解決の糸口を考えていきたい。

1　政府の難民受入れからみる支援の課題

（1）難民と避難民では何が違うのか

　戦争や災害等から逃れ、助けを求める人を指す言葉に、「避難民」が使われることがある。「避難民」や「退避」という言葉には国際的な法的な定義はなく、難民条約で定義されている「難民」とは全く異なる概念といえる。2022年、ウクライナから逃れた人を日本政府は「ウクライナ避難民」と呼び、2021年のアフガニスタン、カブールの陥落後、避難してきたアフガニスタン人を「アフガニスタン退避者」と呼ぶ。これは、「避難民」や「退避者」が、難民ではないということを意味するわけではない。「避難民」は法律や国際人権条約などで定義されていないため、「難民」のように地位や権利が保障されることがなく、さらに言えば、迫害のおそれのある地域や国に送還してはいけないというような国際条約にあるような約束の対象にもならない。そして、文字が語るように「一時的な避難」であって、長期的な滞在を前提としない対応や支援がとられることが懸念される。

　しかしながら実際には、国際機関や多くの国において、ウクライナやアフ

ガニスタンから逃れた人は難民申請の有無にかかわらず、「難民」として庇
護をしようという対応がなされている[1]。

　その国際的動きが顕著に現れたのは、シリア内戦による大量難民の発生が
1つの契機といえる。難民条約上の難民の定義に「紛争」や「戦争」は明記
されていない。しかし、難民条約が保護対象とする「迫害を受けるという十
分に理由のある恐怖を有する者」に、紛争下で人びとが置かれる状況を当て
はめることは、十分に可能であるという国際的保護のガイドラインが国連高
等難民弁務官事務所（以下、UNHCR）より2016年に出された。ガイドラ
インでは、「難民条約は国際的または国内的武力紛争やその他の暴力から逃れ
る者を保護する」とし、紛争から逃れた人を、難民条約によって保護する際
の指針を示している。また、シリアから逃れた人については、「圧倒的多数
のシリア人庇護希望者が国際的保護を必要とし続けており、難民の定義の要
件を満たしている」と難民としての保護の必要性を明確に示している。シリ
ア出身者の各国での庇護状況を比較すると、日本は他国に比べ難民認定が低
く、難民は不認定であるが人道配慮として在留資格を付与するという庇護枠
組みで保護をしているという状況である。つまり、上述したような難民とし
て得られる権利がない庇護で終わってしまっている。シリア出身者の庇護に
関しては、海外ではガイドラインだけでなく、強権的なアサド政権から逃れ
て難民申請するだけで難民該当性があるとしたイギリス判決など、実務の中
でも紛争や無差別暴力から逃れる者を難民認定とする実例がみられた。

（2）政府によるさまざまな難民受入れの実態

　第1章や第2章で難民受入れを紹介されているが、その他の受入れを合わ
せてみていきたい。日本は、インドシナ戦争で共産主義国になったインドシ
ナ三国から逃れてきた難民を閣議了解で1万人以上受け入れた。その後、日
本は1981年に難民条約に加入、出入国管理法を改正し、法律による難民受
入れを始め、2022年までの40年間で1117人が難民認定された。また、世界
で大量の難民が難民キャンプに滞留する問題が顕在化する中、第三国定住と

いう難民キャンプから新たな庇護国に定住する動きが活発になっていたが、日本は世界にかなり遅れて2010年に開始した。さらに、2017年はシリア難民を「留学生」として受け入れる事業が、官民で行われた。このように、さまざまな形で難民受入れは行われている。最近では、2021年の9月以降のアフガニスタン退避者、2022年3月以降のウクライナ避難民受入れも行われているが、これらどれ1つとっても同じような条件の受入れになっていない。

　表6-1は条約に基づき難民申請をした人、第三国定住難民などの受入れ状況を比較してみたものだ。入国後の対応の比較をしているが、突出して最善な受入れ支援があるわけではない。例えば、ウクライナ避難民は、身元保証人もなく入国ができ、政府の支援を入国時から提供される。生活費や住居の支援は充実している。しかし、定住支援である日本語や就労支援は、最終的に受入れをした地域がせざるを得ない状況となっている。人数は少ないが、定住支援が充実しているのは第三国定住難民といえる。第三国定住難民には、就労支援や日本の文化なども学べるプログラムがあり、在留資格の取得と家族の呼び寄せもできることから、日本での定住ということを考えるうえでは、参考になる受入れの仕組みといえる。しかし、生活費は難民申請者同様、一日1600円で、生活をやりくりするのはとても大変な状況といえる。この生活費は日本の貧困ラインを下回る数字である。次に、一切の生活支援、定住支援がないのが自力で来日したアフガニスタン避難者である。在留資格も、入国時に中長期の在留資格を想定していなくてはいけなく、在留資格による特定された就労で生計を立てるか、身元保証人によって生計を成り立たせるというのが条件で暮らす必要が2022年12月末まで求められた[2]。

　ウクライナやアフガニスタン等のような「難民」としてではない受入れは、柔軟な受入れとして歓迎されがちである。難民申請をすると、一次審査の結果には、平均4年5か月かかるとされ、全員が庇護されるとも限らない。そのリスクを考えると、逃れてきてすぐに、中長期滞在の在留資格があることはありがたいと思うのは当然のことかもしれない。しかし難民として認められたら得られる定住5年の在留資格、定住支援策、送還停止効などが享受で

表 6-1　日本政府の支援の比較

	難民申請者 （国籍は問わない）	第三国定住難民	ウクライナ避難民	アフガニスタン退避者
身元保証人 （入国後）	基本は必要はない	いなくても可能 （ただし、国連推薦が必要）	いなくても可能	最初の1年間は生活支弁できる身元保証人が必要
ビザ・在留資格	入国後6か月以下の「特定活動」もしくは非正規滞在	「定住者」	短期ビザ⇒「特定活動」1年	中長期の在留資格が前提
公的支援 （生活費）	1600円／日	1600円／日	身元保証人がいない場合は政府から1000円／日（一時滞在施設内）と2400円／日（一時滞在施設退所後）	自力で来日した人にはなし
公的支援 （住居）	単身：4万円／月一時金なし（2023年4月より、6万円／月に変更）	単身：4万円、支援センター退所後一時金16万円	無料の住居支援にマッチング、一時滞在施設入所、退所時には一時金16万円	同上
日本語支援	なし	572時間	文化庁オンライン150時間	同上
定住支援	なし	生活ガイダンス120時間、就労支援有	なし	同上
家族呼び寄せ （親・子ども以外）	なし	○（条件あり）	○	△（在留資格による）

出典：出入国在留管理庁「ウクライナ避難民に関する情報」「本国情勢を踏まえたアフガニスタンの方への対応」、（公）アジア福祉教育財団「定住支援プログラム」、内閣官房「家族呼び寄せに関するご案内」より、難民支援協会作成

きないでいる。

　さらに言えば、上述してきたようにさまざまな支援策があるため、同じウクライナ人でも同様の支援が受けられるとは限らなくなる。例えば、ウクライナ避難民が難民申請をした場合、生活費は2400円から1600円になるのか、いきなり家賃支払いが求められるのかどうかなど、同じウクライナ人でも「避難民」か「難民」かで支援内容に差が出るなど公平性の問題がある。また、身元保証人がない人は政府から支援金をもらうが、身元保証人のいる家族と一緒に暮らすことになった場合、政府から生活費は支給されなくなる。当事者も支援者もどういう支援の枠組みに該当するのかを把握し、さらには「在留資格」によってできることとできないことがあるために、複雑な状況を紐解きながら、日本での生活を送らなくてはいけない。庇護を求めてきた国で、安心、安定した生活を送ることができるような支援が必要で、それは当事者の国籍を問わず同じはずである。

　日本に逃れてきた人びとの中でも最も大変な生活を強いられるのが、在留

資格を持たない難民申請者である。難民申請者の公的支援は、この10年間を見ても、年間約300人しかもらえておらず、国民健康保険にも入れず、就労もできない。基本的人権が守られた生活を送ることはとても難しい状況である。そして、2010年以降は、再申請者は一次審査の処分に係る裁判中など一部の例外を除いて公的支援の対象になっていない。さらに、以下に述べるが、2018年以降は再申請者のほとんどは在留資格を失ってしまう。第4章で紹介されたケースで、長い年月そういった生活を送ることがその後認定されても人生再建をより困難にさせてしまうことが分かる。

（3）日本にいる難民申請者が置かれている状況

　日本には難民のためのビザがない。よって、何らかのビザか、在留資格を持った状態で難民申請する人と、難民申請をすることで在留資格を失うなど在留資格を持たない難民申請者がいる。日本の難民申請者の法的地位、そして生活手段はこの20年間で大きく変化してきている。2009年までは、難民申請者の多くは非正規滞在で、働くこともできず、政府の公的支援か、民間支援、そして知人などに頼らざるを得ない状況だった。しかし、2009年以降、何らかのビザもしくは在留資格があって申請した人には「就労可能な特定活動6か月」が付与されることになり、難民申請者の多くが在留資格保持者になっていった。2011年以降、難民申請者数が増加傾向となる。法務省は、その理由を「就労目的の難民認定制度の濫用・誤用」とし、その防止を目的に、2016年に難民申請者であっても一律の特定活動を付与しない運用の変更を行った。そして、2018年1月からは「さらなる運用の見直し」が行われ、難民申請後2か月間の振り分け期間が設定され、そこで、難民該当性なしと判断した者、同じ理由で難民申請を繰り返す者には在留制限をかけられることになった。

　難民申請をすると、**表6-2**のように地方入国管理局は、前述の振り分け期間の間にABCDのグループに振り分ける。A案件は、難民条約上の難民である可能性が高いもの、B案件は、難民条約上の迫害理由が明らかに該当しな

表 6-2　庇護希望者の法的地位の保障
―難民認定制度の運用の見直し（2015, 2018 年）による処遇の悪化―

- 申請から 2 か月以内に、A ～ D のいずれかに振り分ける。
- 法務省が「濫用」とする BC 案件は迅速処理の対象となり、就労・在留制限が行われる。
- 複数回申請者の場合、A 案件以外は就労・在留制限が行われる。

	A 案件	B 案件	C 案件	D 案件	
内容	条約難民の可能性が高い	難民条約上の迫害に明らかに該当しない	再申請で正当な理由なく前回と同じ主張	D1*	D2：その他
件数（2022）	281	38	1,131	2,322	
割合	7.4%	1.0%	30.0%	61.6%	
在留資格（初回申請）	特定活動 6 月（就労可）	就労・在留制限	—	特定活動 3 月（就労不可）	特定活動3 月 × 2 回→ 6 月（就労可）
在留資格（複数回申請）			就労・在留制限	就労・在留制限	

*D1：本来の在留活動を行わなくなった後に難民認定申請、出国準備期間中に難民認定申請
出典：出入国在留管理庁資料「令和 3 年我が国における難民庇護の状況等」から難民支援協会作成

い事情を主張するもの、C 案件は、再申請者である場合に、正当な理由もなく前回と同じ主張を繰り返すもの、D 案件は、それ以外の案件となる。また、どの案件になるかによって、在留資格や就労が不可になるなどの対応がとられた。さらに、D 案件の中では、留学や技能実習生などの本来の在留活動を行わなくなった後に難民申請をした場合は、「就労不可の特定活動3か月」と制限をかけた。また、再申請者は、A 案件にならなければ、一律在留資格がなくなってしまうこととなった。

　日本の難民申請者は、一次審査の間は、多くは「特定活動6か月」の在留資格を持ち、就労が可能になる。しかし、在留資格を持たない、いわゆる「非正規滞在」で難民申請生活を送らざるを得ない人がいる。どういう場合で非正規滞在になるかというと、おおむね4つのグループに分かれる。

1つ目は、空港で難民申請をした場合、そのほとんどが、空港での一時庇護上陸許可が不許可となり、不法入国や不法上陸に該当し、収容されてしまう場合[3]。

2つ目は、案件振り分けにより、初回申請でB 案件になる場合、あるいは複数回申請でA 案件以外になる場合。

3つ目は、在留資格の更新ができなく、難民申請中に何らかの事情で在留資

格を失ってしまう場合。

4つ目は、在留資格を失ってから難民申請をした場合。

このような非正規滞在になってしまった難民申請者は、常に「収容」「迫害の恐れのある国への送還」の恐怖にさらされながら生活をせざるを得ない。

ここで強調したいのは、難民条約の第31条1項は「不法に入国しまたは不法にいることを理由として刑罰を科してはならない」「生命または自由が脅威にさらされるおそれのある領域の国境へ追放しまたは送還してはならない」としている点である。犯罪歴がある者による難民申請や、難民申請の誤用・濫用の可能性を強調するなど、情報が恣意的に引用されており、難民申請者を含む外国人に対する差別や偏見を助長しかねない出入国在留管理庁の動きは、国内外で批判をされていることは言うまでもない。

非正規滞在となった難民がなぜここまで追い込まれなくてはいけないのだろうか。難民にならざるを得ない事情を抱えているだけでなく、日本での生活が、想像を絶するくらい過酷な生活にならざるを得ない状況である。生活困難な難民申請者に対して、日本政府は、保護措置という支援を行っている。しかし支援を受けられる人数は、シェルターも含め、全く足りていない（**表6-3**）。**表6-3**にあるように政府の支援した緊急簡易宿泊施設入居者数と難民支援協会（以下、JAR）が支援しているシェルター数をみても、本来政府がしなくてはいけないところを民間支援団体が肩代わりしている状況が続いている。

つまり、支援対象からこぼれてしまう難民が多数いるということだ。その大きな転換は、2010年にある。2008年、9年の2年間、保護費が足りなくなり、保護費切りということが起き、民間支援団体からキャンペーンや政府への働きかけが行われた。しかし残念なことに、2010年以降は、再申請者は一次審査の処分に係る裁判中など例外を除いて公的支援の対象にならない。そして、2018年以降は、再申請者のほとんどは、非正規滞在になり、難民として認められない状況の中で厳しい再申請者の生活を送らざるを得なくなった。それでは、非正規滞在者や、再申請者は庇護されていないのか、とい

表 6-3　保護費と公的支援と民間支援のシェルター数の経年変化

	2010	2011	2012	2013	2014	2015	2016	2017	2018	2019	2020	2021
公的支援による緊急簡易宿泊施設入居者数（4 月～3 月）	41	48	24	6	1	0	7	25	21	30	9	4
民間支援団体の難民支援協会シェルター（7 月～6 月）	46	120	—	46	46	71	57	53	62	62	29	23
公的支援である保護費の受給者数	678	576	552	518	384	309	345	362	324	362	357	250

出典：石橋通宏議員（参）複数年の質問主意書への政府回答と難民支援協会の年次報告書より作成

表 6-4　難民認定・人道配慮の状況
—複数回申請・退令発付後の庇護状況（2010～2021 年）—

	難民認定		人道配慮		難民申請者数	
合計（2010～21 年）	377 人		1,906 人		79,207 人	
うち、複数回申請	25 人	7%	544 人	29%	10,433 人	13%
うち、退去強制令書発付あり	48 人	13%	676 人	35%	8,504 人 *	11%

* 難民申請時の非正規滞在者数
出典：全国難民弁護団連絡会議作成資料より作成（http://www.jlnr.jp/jlnr/?p=7706、http://www.jlnr.jp/jlnr/?p=7709）

うことを見てみると、表6-4にあるように、数は多くないかもしれないが、複数回申請者は常に「難民認定」もしくは「人道配慮」として庇護されている人がいる。よって、政府からの支援の対象は本来制限をかけるものではないのではないか。

（4）民間支援の限界

　非正規滞在の難民申請者の生活にさらに追い打ちをかけたのは新型コロナウイルスの感染拡大だった。日本社会の中で、とりわけ弱い立場に置かれた在日外国人を更なる苦境に追い込んでいった。これまで支援を提供してきた人が経済的に厳しくなり、支援が継続できなくなる、難民コミュニティで支えきれなくなる、働けていた人も失職するなどの状況があった。中長期滞在の在留資格があり、住民登録ができる人には特別給付金がもらえるものの、在留資格のない人は対象外であった。そこで、特定非営利活動法人移住者と連帯するネットワークは、感染拡大のさなか、「新型コロナ移民・難民緊急支援基金」を実施し、公的支援の手が届かなく生活困窮者1645人に、一人3万円の現金給付支援を行い、2022年度も継続して支援が行われている。ま

た、医療支援の現場でも、コロナ渦の移民・難民の医療を求める会が、署名
活動などを展開した。それは、急病となった移民・難民、そしてそれを支え
る医療機関や民間支援団体による「自助」「共助」はもはや限界に達してい
ることから起きた活動であった。こうした支援は民間が知恵とお金を出し合
ってしているのが現状で、日本では政府と民間支援団体が協力して移民・難
民の支援をしているのは一部に限られてしまっている。さまざまな国で、移
民・難民を受け入れ、政府と民間団体が連携して支援をすることは珍しくは
ない。官民連携ができてないことで、課題解決にも時間がかかることになり、
最低限の生活すらできない状況を作り出し、残念なことに、2022年10月の
自由権規約委員会報告でも「KARIHOUMEN」という言葉を使い、収入を
得るための活動に従事する機会の創設の検討などを指摘している。

2　難民支援の可能性

（1）　難民保護を推進するために何ができるのか

　2022年、日本政府のウクライナ避難民の受入れ支援策が出されたが、こ
の支援策をみた多くの支援関係者からは「日本政府もやればできる」という
声をよく耳にした。これまで、難民申請者が支援団体を頼ってくる理由の1
つに、生活困窮とそれに伴い住むところがないという相談がある。日本に庇
護を求めて来る人の多くは、手持ちのお金が尽きてしまい、簡単にホームレ
スになってしまう。ウクライナから避難してきた人には一時退避施設があり、
空港からそこに移動し入居する。入居のための審査はない。施設にいる間は、
食事やオンラインの日本語学習が提供され、1日1000円の生活費も支給さ
れる。一時退避施設から出るときには16万円の支度金もある。この仕組み
に似た制度をもっているのはイギリスだ。イギリスは、2012年以降年間2
万人以上の難民申請者がいるが、2021年は、100億ポンド以上の予算で、約
7割の難民申請者が空港到着時から住居と食事の提供の支援を受けることが

できる。難民認定の結果は約6か月で出ることになっているが、1年を超えてしまう場合には就労を許可する。それまでは住居と生活支援、ナショナルヘルスサービスに加入する、等の支援が受けられる。生活費は、約2万5000円（158.4ポンド、2022年2月現在）と少ないが、住居があり、多くの難民申請者がこれを受け取ることができるという点では、政府のセーフティーネットがある程度整っていることが分かる。日本のウクライナ避難民の受入れは、これに近い支援策となっている。また、イギリスは難民申請をすることも支援の対象になっている。イギリスは、ヨーロッパの中でも決して難民受入れに寛大というわけではないもののこのような制度があり、ウクライナ避難民の受入れ体制については日本政府もかなり近い仕組みをつくることができたということだ。

　イギリスでは、2021年の難民認定率は、63.4％で1万3703人が認定されている。また島国であるため、庇護を求めてくるために飛行機を使う人がそれなりにいるということも日本と似ている。イギリスにおける難民申請者は、1990年代末から2000年代初頭にかけて急増した。その際に、難民該当性審査の迅速化のために新しい制度を導入した。その1つに略式拘禁制度がある。対象となった難民申請者を収容し、短期間で難民該当性を判断する制度で、申請者が証拠を集める十分な時間がない、弁護士など支援団体からサポートを受けるのが困難な状況で、その結果、98％が不認定になるなど、実質的には難民該当性が低いと判断された場合がこの制度の対象となっていた。この制度は、対象となる判断について問題提起した裁判などが行われ、2015年以降停止することになった。市民団体からの制度停止の要望や裁判を経て、イギリス政府は制度に問題があれば立ち止まるということをしている。

　2021年9月22日東京高裁で、難民申請者が不認定処分に対する異議申立ての棄却決定の告知翌日にチャーター機で送還された事件の判決が出された。不認定処分に対する出訴期間中の裁判を受ける権利（憲法32条）が侵害され、適正手続きの保障（憲法31条）に反しており、入管職員の職務上の法的義務（国賠法1条1項）に違反したと判断された。これは、この判決前に国会で審議され廃案となった出入国管理及び難民認定法の一部を改正する法律案にあ

る送還停止効の例外規定に明らかに影響を及ぼすものである。UNHCRも指摘しているように、不服申立ての対象になっていないことや取消訴訟の出訴期間内は送還を禁止すること等の条件を明記していないことにより、送還してはいけない人を送還してしまうことになってしまう。

　さまざまな批判を受けイギリス政府が制度自体を停止したように、日本政府は、この判決を受けて、再提出にあたり入管難民法案の改善が期待された。司法や実務の中で課題が見えたときに、日本政府は迅速に改善可能なはずだ。包括的な庇護制度の確立といった大きな制度改革も重要であるが、運用レベルでの改善は、できることから実施ということが望ましいのではないか。

　さらに、国内外で「包括的な庇護制度の必要性」がうたわれてきた。特に紹介したいのは、衆参両院で全会一致された2011年11月の難民の保護と難民問題の解決策への継続的な取組みに関する「難民保護の国際法及び国際的基本理念を尊重し、（中略）、国内における包括的な庇護制度の確立、（略）に向けてまい進する」という決議である。これを受け、その後UNHCRが2017年の日本政府への提案の中で、「難民及び難民認定申請者の権利と義務を明確に規定する難民法の制定および難民を専門的に扱う部局の設立」を求めている。

　具体的に今すぐできるのは、審議されている入管難民法案に、国連のガイドラインの反映を明記し、難民認定基準ハンドブックに書かれている国際基準に則ることを盛り込むことだ。それだけでも難民認定手続きの改善につながる。さらに、難民の支援策も法律に記載することで、より確実な法的根拠をもって難民認定審査ができ、難民認定制度の充実への一歩になる。2021年に続き、2023年5月9日、野党が「難民等の保護に関する法案」を議員立法として国会に提出した。この法案は、出入国在留管理庁から独立した第三者委員会が難民認定手続きを行い、国際基準と乖離してきた難民認定基準をUNHCRの基準に改め、難民申請者の生活支援を法律に位置づけるというものだった。難民保護に特化した法律の必要性が国連などから指摘される中での試みで、難民保護を目指した法律であり、難民を受け入れる社会の基盤づくりにつながるものと考える。

(2) 難民保護を官民連携で行うことはできるのか

　2023年3月7日、政府は、2年前に廃案となった入管難民法改正案を修正したものを再度閣議決定し、国会で審議されている。多くの支援団体や弁護士会からも課題を指摘され、反対運動が繰り広げられている。この法案では、いくつかの論点があるが、ここでは本書で取り上げる難民申請者にかかわる2つの点を紹介する。

　1点目は、難民申請中の送還を可能にするという点である。日本も加入する難民条約では、難民や難民申請者を送還することを禁じている。これは「ノン・ルフールマンの原則」といって迫害のおそれのある国に送還してはならないという難民条約の中でも最も重要な原則である。法案では、3回目以上の難民申請者などを送還可能にするものとなり、ここまで述べたように難民認定制度の改善が十分になされないまま、送還されてしまうことが起きかねない。日本で難民申請生活を送ることは、常に「送還」におびえながらの生活を一層強いられることになる。

　2点目は、国連から何度も勧告を受けている、収容問題だ。日本を含む152か国の支持により2018年に採択され、国連憲章の目的及び原則に基礎を置く「安全で秩序ある正規移住のためのグローバルコンパクト」では「収容は最後の手段としてのみ用いられるべき」とされてる。しかし、法案では収容の上限も収容の可否を第三者機関や司法審査で行うということが盛り込まれず、「監理措置制度」が全件収容主義をなくす施策として位置づけられている。「監理措置」が長期収容、無期限収容の解決策とはいえない。「監理措置」は、市民に監理人になってもらい、政府から求められた義務を怠ると、罰則もつき、政府からの生活支援もない。また、報告義務がある「監理措置」は、弁護士、ソーシャルワーカー、支援者にとっては支援対象者の利益を損ねかねなく、何よりも大切である信頼関係を壊すことにつながる。2021年の法案が出た際、日本に逃れてくる難民など国際保護が必要な人びとを支援するネットワーク団体であるなんみんフォーラム（以下、FRJ）は、緊急意見聴取をしたところ、「監理」という義務を負わされるようなこの措

置に対して、9 割の人が「監理人になれない」と回答した。FRJ は、2012 年から法務省、日本弁護士連合会と覚書を結び、空港で庇護希望をした人を収容ではなく放免していく収容代替措置を連携して行ってきた。件数は、2022 年 10 月現在で、47 人。数は少ないものの、支援団体がケースマネジメントを行い、弁護士が難民認定手続の伴走を行ってきた。その結果、1 人も逃亡者を出すことなく、事案解決のためにケースワークを実施してきた。対象者には仮放免や仮滞在が多いため、生活支援は必須になっている。先にあげた政府からの保護措置を得ながら、その対象でない場合は支援団体が生活支援をしている。資金基盤の弱い FRJ としては多くのケースマネジメントを実施することは現状困難という課題はあるものの、この事業は、官民連携で解決する 1 つのモデルであることは間違いない。大切なのは、「監理」ではなく、「信頼」であることをいいたい。

さいごに

　先日、ポーランドでウクライナ支援にかかわる弁護士の話を聞く機会があった。ロシアの侵攻直後、100 万人を超すウクライナ人がポーランドを目がけて国境を越えてきたが、国境を越えるにはさまざまな法改正をしないと合法的にはできなかったそうだ。具体的にはパスポートを持たない人、親などを伴わない未成年の子どもが無事に国境を渡り、支援にたどり着くまでには、法改正をしなくてはいけなく、そのためには行政の官僚主義を壊さないとできないことばかりだったという。

　ウクライナ問題は大きな問題だが、行政と民間側も歩み寄りながら変えることができたのは大きな果実となったということを聞いた。普段から立場の違う者であっても協議し、作り上げる関係つくりこそが、まさに安に居て危を思うということで、それが国会の場であったり、政府と民間支援団体であったり、企業と支援団体であったりと、それぞれが敷居を超えて議論するところから始めることかもしれない。私も難民支援団体の立場として、その議論の場に責任もって関わりたいと思っている。

■注

1) 朝日新聞デジタル　https://digital.asahi.com/sp/articles/ASQDP6GQWQDPUTIL03P.html（2023.5.24）
2) 12月27日通知
3) 空港で難民申請をしたいと言っても送還されそうになり、抵抗して難民申請をしたが、長期収容され、最終的には再申請中に裁判で難民認定となったケースもある。

■文献

国際的保護に関するガイドライン12：1951年難民の地位に関する条約第1条A（2）および／または1967年難民の地位に関する議定書および難民の地位に関する地域的文書における定義における武力紛争および暴力の発生する状況を背景とした難民申請　https://www.unhcr.org/jp/wp-content/uploads/sites/34/2018/03/Guidelines-on-International-Protection-No.12_JP.pdf

［緊急シンポジウム］日本の難民受け入れ──ウクライナ避難民の受け入れを機に考えること──新島彩子「日本での難民保護の現状と課題」https://refugeestudies.jp/wp/wp-content/uploads/2022/06/sympo220423_presentation2_RSF.pdf

難民の地位に関する1951年の条約　https://www.unhcr.org/jp/treaty_1951

イギリスの難民該当性審査の迅速処理制度とその課題、難民研究フォーラム　https://refugeestudies.jp/2020/05/research-uk-accelerated-procedure/

あるミャンマー難民女性のライフヒストリー

C.Kさん（チン民族）

　私はミャンマーの少数民族の生まれです。ミャンマーでは1988年に全国的な民主化要求運動が起こりました。たくさんの学生たちが民主化のデモに参加し、私も高校生でしたが参加しました。しかし、学生運動のリーダーたちが逮捕され、私も身の危険を感じ、日本に逃げることになりました。当時、私は日本のことは全く知りませんでした。たまたま日本に逃れる道筋があっただけでした。日本には短期滞在ビザで入国しましたが、ミャンマーの情勢が落ち着いたら、すぐに帰国するつもりでした。しかし、いつまで経っても国の状況は変わらないので、どうすればいいか分かりませんでした。日本でしばらくひっそり暮らしていましたが、同じ民族の出身者たちと出会い、何人かと一緒に住むことになりました。また、彼らが紹介してくれた飲食店で皿洗いをして働くことになりました。国に帰ることができないので、まずは日本で生きるためには働かなければならないと必死でした。先が見えない不安な生活を送っていました。

　今は、インターネットがあったり、難民の人たちを支援する団体もありますが、昔は、本当に情報を得ることが難しかったです。日本で難民の申請ができることも知らなかったです。10余年たって、2003年に在日ビルマ人難民申請弁護団の説明会にいって、はじめて日本で難民認定の手続きを知り、難民申請をすることになりました。

　私は全く日本語ができませんでしたが、日本語を学ぶ学校に行くお金も時間もありませんでした。日本語は、職場で学びました。喫茶店で長く下働きをして、そこで日本語や日本について学びました。そのうち、日本で同族出身の男性と出会い、結婚することになり、子どもも生まれました。しかし、彼は入国管理局に収容され、ミャンマーに強制送還されてしまい

ました。私はシングルマザーとなり、子どもを一人で産み育てることになりました。

　私は難民の申請をしていましたが、滞在資格がなかったために、とても大変でした。国民健康保険がなかったので、病院で何度も受診を断られました。また「難民とは何ですか？」とよく聞かれ、いちいち説明しなければなりませんでした。子どもを出産するときも、病院から断られたので、そのときは、支援団体の日本人に助けてもらい、ようやく病院で出産することができました。保育園の入園もなかなか入れてもらえず、役所の人も難民への理解もなく、そこでも支援団体の人に交渉してもらいました。自宅から遠い保育園にようやく入園することができました。私は、こうした日本人の支援者との出会いによって助けられましたが、誰かが隣りで寄り添ってくれることが大事だと思いました。

　私は結局、難民として認定されませんでしたが、人道的配慮により在留資格を得ることができました。そのときは、すでに30歳を過ぎていました。私はミャンマーで高校も卒業できなかったので、勉強して本当は大学に進学をしたかったです。でも、幼い子ども抱えて現実的に安定した生活をしていくために、手に職をつける道を選びました。ハローワークに相談し職業訓練学校に行き、CAD（コンピュータ支援設計）の技術を学びました。しかし、就職活動をしているとき、ちょうどリーマンショックが起こり、就職先が思うように見つかりませんでした。でも、そのときの職業訓練学校の日本人の先生が一生懸命に職をさがしてくれて、精密機器の会社に就職することができました。ここでも日本人が助けてくれました。現在も、その会社で働き、10年以上経ちました。職場の環境や同僚に恵まれて、責任のある仕事なども任されています。子どもは高校生になりました。私は日本の教育システムを経験していないので、親として子どもの学習をみてやることができませんでした。何をすべきかアドバイスができないので、誰かそばで教えてくれる人がいたらもっと良かったと思います。

　私は週に1回は教会に行き、そこで、同族の仲間に会います。同族のコミュニティで、お互い助け合ったり、情報交換をしたりして、それが心の支えになっています。私たちは信仰を大事にしています。今まで大変なことがたくさんありましたが、良い人に出会い、乗り越えられてきたのも神様のおかげであると思っています。また、私たちは、日本にいて民主化の活動も行っています。ミャンマーでアウンサンスーチーさんに政権が交代してからは、その活動を休止していましたが、2021年ミャンマーでクーデターが起こり、活動を再開することになりました。私たちの民族が住んでいる州は軍から攻撃を受け、村が焼き払われるなどして、国内避難民がたくさん出ています。私たちは、ミャンマーの国内避難民を助けるための募金活動を行ったり、日本国内でデモ行進を行ったりしています。日本ではウクライナのほうが注目されていますが、ミャンマーも見てほしいと思います。ミャンマーでは軍が国民を殺しています。日本でいえば守ってくれるべき自衛隊が日本人を攻撃するようなものです。命の危険があるのは、ウクライナ避難民だけではなく、他の難民も同じなので、同じように支援してほしいと思います。

　私の夢は、ミャンマーが民主化してほしい、そして難民がなくなる世界になってほしいことです。もうすぐ私は50歳になります。自分の祖国よりも日本で暮らしているほうが長くなりました。昔と比べて今の日本人の人たちは、難民について理解してくださっていると思います。しかし、他国に比べれば、日本政府の難民への態度は変わっていないと思います。日本人の人たちには、日本で難民が住みやすい環境を作るために日本政府に働きかけてほしいと思います。

第III部
私たちに
できることは何か

第7章

支援者が
求められること
——ソーシャルワークの視点から

南野奈津子

　難民に接するうえで何が必要か、と問うたとき、「難民に関する専門知識を習得しよう」「支援に関する良書は特に欧州で出版されているので、まずは一読を」などと言われると、支援者となることへのハードルが高くなってしまう。ここではまず、国を追われて知らない地に移動する人びと、という観点で、難民のおかれている境遇を想像してみることから始めてみたい。そのうえで、私たちに求められる視点や技術をすでに活用されているソーシャルワークに関する概念と結び付けながら考えてみたい。

1　ソーシャルワークと難民支援

（1）難民支援とソーシャルワーク

　序章では、大学で行った、難民について想像するためのワークを紹介した。そのワークでは、実際にはワークを終えた後、日本で難民が経験している貧困や社会からの孤立、医療が受けられない状況などを紹介している。そして、「こうした実態をあなたはどのように考えたか」について話し合ってもらう。実際に話し合いをしてその内容を報告してもらうと、「同じ人としてそういう状況を放置するのは良くないと思った」「私たちに何ができるのかを考えました」といった声が多く出てくる。

　ではここで、ソーシャルワークの定義をみてみたい。世界のソーシャルワーカー連盟の合同組織である国際ソーシャルワーカー連盟は、ソーシャルワークのグローバル定義を以下のように示している。

　ソーシャルワークは、社会変革と社会開発、社会的結束、および人々のエンパワメントと解放を促進する、実践に基づいた専門職であり学問である。社会正義、人権、集団的責任、および多様性尊重の諸原理は、ソーシャルワークの中核をなす。ソーシャルワークの

> 理論、社会科学、人文学、および地域・民族固有の知を基盤として、ソーシャルワークは、生活課題に取り組みウェルビーイングを高めるよう、人々やさまざまな構造に働きかける。

　ソーシャルワークは、「社会正義、人権、集団的責任、および多様性尊重の諸原理は、ソーシャルワークの中核をなす」としている。「差別や不条理がある状態に難民がおかれるのはおかしいのではないか」「私たちも社会の一員として何ができるのかを考える」という学生の声は、まさにソーシャルワークが重視する「社会正義」や「人権」、そして「集団的責任」と重なるコメントだ。専門用語で聞くと難しいが、福祉を学んでいない学生も、難民の実情を知るとその状況に対し、ソーシャルワークの理念につながる視点で捉えることができるようだ。

　では次に、ソーシャルワークが定義で真っ先に掲げる「人権」「社会正義」「集団的責任」、そして「多様性の尊重」とは具体的にはどういう意味なのか。ここでは例として、日本における、日本語指導を要する高校生の進学率をあげる。文部科学省（2022）によれば、2021年度に高校を卒業した高校生の進学率は、全高校生は73％だが、日本語指導が必要な外国籍・日本国籍の高校生は52％だったとのことだ。そして、就職した高校生で非正規雇用の割合は、全高校生は3％だが、日本語指導を要する高校生は39％だった。

　こうした格差をどうみるか。ソーシャルワークは、これを「人権」が関わる福祉問題として捉える。つまり、教育へのアクセスの格差は、何らかの形で「人権」が侵害された結果として起きたと思われる問題である、と理解する。そして、「社会正義」の観点として、「この格差を良しとする社会ではいけないのではないか。なぜならば人権は社会において等しく尊重されるべきだから」という視点でこの問題の解決に取り組む、ということになる。そして、「集団的責任」とは、その問題に対して「当事者と関係者だけの問題なので関係者だけで対応すればいい」とする考え方ではなく、「この問題は私たちが生きる社会としての問題でもあるのだから、個人ではなく社会の中のさまざまな集団で対処していく問題として捉えよう」という考え方だ。

「多様性尊重」について、まず、移民や難民に限らず、私たちは皆さまざまな文化や価値観をもつ。そのさまざまな文化や価値観の中には、自分とは相いれない、または苦手に思うものもあるだろう。文化や歴史の違いがそうした多様性を生み出しているのだが、その違いを受け入れることを、ソーシャルワークは重視している。例えば、生活問題は、地域のつながりの中で解決する、という文化の国から来た人の場合、ソーシャルワーカーからの支援を受けつつも、自分たちのつながりの中で得た情報を優先して、遠方の知人宅を頼って支援から離れてしまう、といったこともあったりする。私たちからしたら「こんなに色々考えて動いたのに」などと、失望するような気持ちが生まれるかもしれない。ただ、私たちだって海外で生活して、その国の言葉や文化をよく知らない場合、数少ない日本人の知り合いのほうが頼りやすいし、話も通じやすいと思うはずだ。「違う文化なのだから、違う考えを持っているのは当たり前、母国の文化や価値観に根ざす生き方も理解し、尊重しよう」という気持ちで関わることが大切なのだ。

難民は、さまざまな事情で国から逃れている。そして、特定の宗教や信条を持つことで命の危機にさらされたり、女性ということだけで苦痛を伴う慣習を強いられたりしてきた人もいる。そういう、個の生き方を尊重されることが難しい世界から逃れてきたからこそ、彼らの多様性を尊重する姿勢はさらに求められるだろう。多様性が原因で人権が侵害されるのは、社会正義の観点からしても問題であり、その問題を私たちにも関わり得るものとして捉える。そして、難民の中にある多様性を、私たちの生活習慣や文化とは異なるものを含めて尊重しながら関わっていこう、というのが、ソーシャルワークである。

(2) 多文化ソーシャルワークの視点から

難民支援では、難民ゆえに抱える在留資格や難民申請の問題を理解し、必要な手続きをとることが求められる。ただ、日本での外国籍、あるいは外国にルーツを持つ人びとへのソーシャルワーク実践と共通する部分も多い。そ

れを考えると、多文化ソーシャルワークの概念も確認しておきたいところだ。

　多文化ソーシャルワークとは、「さまざまな文化背景を持つ人びとへのソーシャルワーク」であり、「彼らが自分の文化と異なる環境に移住・生活することにより生じる心理的・社会的問題に対し行われるソーシャルワーク」だ。多文化ソーシャルワークは、支援を行う際に、外国にルーツを持つ人びとがおかれた特有の状況や、不利に対して配慮することを重視する。序章でも示したように、外国人は「言葉の壁」「心の壁」「制度の壁」「アイデンティティの壁」「文化の壁」を経験するといわれる。そうした壁は、日々の生きづらさとなるし、就職や進学の難しさ、住居を借りることができないなど、生活の問題を抱えることにつながる。例えば、同じ疾患を抱えた人であっても、外国にルーツを持つ人の場合、日本で生まれ育ち、日本国籍を持つ人は経験しないような困難がある。その固有の困難や生きづらさに対して必要な支援を考え、行っていく。それが、多文化ソーシャルワークである。

　難民の場合は、どうだろうか。難民も、多くの外国人と同じように、書類を理解する難しさ、制度を利用できない状況、周囲からの理解のなさ、文化の違いにより自分がしたい生活習慣を維持できない、などを経験する。さらに、難民としての困難も抱える。例えば、自国の政治に反対意見を示した人、とみなされることもあるために、ほかの外国ルーツの人びとであればできる、大使館やネットワークを頼る、ということが難しい。また、難民の母国は、政治や経済の状態が不安定で、母国にいる家族や友人とは連絡を取りにくい状態になっていたりする。そんな状況なので、社会の中でも自分が難民であることを隠して生きたり、公の場に姿を現すことをしないようにしたりする。また、在留資格がない場合、捕まることを恐れて子どもを家から出さず、長期間子どもが学校に行かない状況だったりすることもある。難民の場合、外国ルーツの人びととは違う問題や壁も経験しやすい。こうした生きづらさへの配慮をする必要性がある、ということを意識しながら支援を行うのが、難民への多文化ソーシャルワークになるだろう。

2　どのように難民に接する？　ソーシャルワークにおける支援の原則から

　ソーシャルワーカー養成教育では、誰もが必ず学ぶ「バイステックの7原則」というものがある（図7-1）。これは、アメリカの社会福祉学者のフェリックス・ポール・バイステックが提唱した相談援助技術の原則だ。この原則は、難民支援でもとても重要だ。ここでは、この7原則を難民支援に照らし合わせてみていきたい。

バイステックの7原則
1. 受容
2. 個別化
3. 非審判的態度
4. 意図的な感情表出
5. 統制された情緒的関与
6. 自己決定
7. 秘密保持

図7-1　バイステックの7原則

　1つ目は「受容」だ。「受容」とは、相手がおかれている状況や感情を感じようとすることで、ありのままを受け止めようとすることだ。「先が見えない」「いつこの日々が終わるのか分からないのがつらい」「母国の家族が心配だ。でも連絡をすると逮捕されたりするから連絡はしない」「日本は民主主義の国なのだからもっと支援してほしい」。こうした訴えを聞くことが多々ある。こうした声は、私たちが普段の生活で見聞きするものとは大きく違うこともあり、具体的な理解や想像が及ばないこともある。また、難民の主張に対し「そういうものだろうか？」と疑問に思うこともあるだろう。でも、まずは本人の思いをそのまま本人の思いとしてありのままに受け止める。これが、受容である。

　「個別化」とは、その人が抱える悩みや困難な状況、考え方を唯一無二のものとして捉えることだ。同じ国から来ている難民であっても、民族的背景が違うこともある。同じ難民女性であっても、自立の考え方や社会参加の度合いが、国によって違うこともある。同じイスラム教、またはキリスト教であっても、それぞれにおいて母国での扱いが、大きく違うこともある。似ているケースであっても、すべて個々に違うものなのだと考え、対応することが「個別化」だ。

　「非審判的態度」は、受容とも関連する。支援を受ける人の姿や言動に対して無意識のうちに特定の期待やイメージを持っていたりすると、それとは違う人に対してモヤモヤしたりして、「いろいろ大変なのも分かるけど、もう少し感謝するような言葉はあってもいいんじゃないのかな」などと考えてしまう。「ブローカーに大金を払ってきた」「捕まりたくないから子どもは家から出さないようにしている」などは、私たちの感覚では理解しづらいこともある。ときには「それってどうなのよ」「子どもがかわいそうだ。親としてそれはダメでしょう」、などという気持ちが湧いてしまうこともあるかもしれない。私たちは簡単に審判になってしまう。無意識のものも含め、そうした感情が芽生えていないか気を付ける必要がある。

　「意図的な感情表現」とは、支援を必要とする人の自由な感情表現を認める姿勢や考え方だ。難民や難民申請中の人びとは、おかれた状況の理不尽さに対するフラストレーションを抱えて、怒りをためていたりする。また、想像した以上に受けられる支援が少ないため、日本社会への失望をにじませる人もいれば、落ち込んで投げやりになったり、弱音を吐いたりする人もいる。それが、支援者への攻撃的な言い方や、無気力な言い方、態度になることもある。難民ゆえの難しさはあるが、できるだけ胸にある感情を自由に出してもらうことで、援助者も難民も、状況を冷静にみることができるようになる。

　怒りや不安、悲しみなどのネガティブな感情も出すことで、ストレスの軽減につながる。子どもがいる場合、親がストレスを吐き出すことで、子どもに対し不機嫌になったり、会話をせずにネグレクトのような状態になったりすることを避けられるかもしれない。筆者は、体調不良を抱えている難民が、話をして感情を出したことで、体調が改善した例にも出会った。感情の出し方はさまざまなので、ときに戸惑いもあるだろうが、援助者は、難民が自由に感情表現ができるような声かけが大切だ。小さなこと、例えばその国の言葉であいさつをする、その国の良いと思う点（政治的なことではなく「自然がきれいなのでしょうね」など）を会話で入れるなど、その人や国を肯定するような関わりも効果的だ。

　「統制された情緒的関与」とは、援助者が自分の感情に飲みこまれずに、

感情をコントロールして関わることだ。難民の過酷な状況は、メディアでも取り上げられることがある。そうすると、そこでみた悲惨な状況、子どもの姿などに共感してしまい、もっとサポートしてあげたいという気持ちが湧くこともあるかもしれない。そうなると、感情が強く入ってしまうかもしれないし、加害側とされる国の出身者への支援をしようと思う気持ちが湧かなくなるかもしれない。共感はしつつも、「こんなつらい経験をする人の気持ちを思うと自分も胸が引き裂かれる思いだ、つい私も号泣してしまった」となったり、「加害側の国の出身者だと思うと、優しくできない」などといったことはないようにしたい。また、心配になりすぎて、休日も連絡してしまう、お金を個人的に渡してしまう、などは、その支援組織の実践や理念と違う行動になったり、難民が依存的になったりしてしまう。さらに、当事者が持っている自己決定や自立をする力を奪ってしまうことにもなり得る。

　難民が求める支援を提供できない、あるいは制度の制約があることを本人に伝えるのは、胸が痛むことも多い。難民は失望感をあらわにした表情を見せることもあれば、ときに支援者に不満や怒りをぶつけることもある。「申し訳ない」「そんなこと言われても…」と思うこともあるだろう。しかし、支援者は「感情的になりすぎない」と自分に言い聞かせることが大事だ。そのためには、支援については周囲の同僚や関係者と話したりして、自分の感情をためないようにしたり、客観的に捉えたりすることも大切だ。

　「自己決定」とは、最終的な選択をする決定権を持つのは本人であることを尊重することだ。難民支援をしていると、援助をしている途中で、難民が何らかのつてを得て、「知人（新たに知り合った人）のところに行く」と言って連絡が途絶えてしまった、ということがある。また、1週間前までは「日本で生きていきたい」と言っていたが、「帰国することにした」と言うこともある。また、難民申請中で、その後の生活の安定が想定できない状況の中で、「妊娠した、出産するつもりだ」という女性にも出会ったりすることがある。支援者からすると、「この段階でそれは止めたほうがいいのではないか」と思うことも少なくない。つい「日本にいたほうが安全なのに」と言いたくなることもある。でも、本人が自分の人生について自己決定をするので

あり、支援者はそれを尊重する必要がある。

　大事なのは、限られた情報で決定をしないよう、情報を伝えること、そして自己決定できる環境を整えることだ。難民は、日本で暮らす外国人以上に日本語理解が難しい人が多い。また、日本のシステムを理解したうえで日本に来た、という人も非常に少ない。そうなると、正しい情報を得ていないことも多い。そのため、支援では通訳の確保がとても大事になる。

　「秘密保持」は、説明は不要だろうが、難民の個人情報などを外部に漏らしてはいけないということだ。うわさ話なども個人情報の流出につながるので注意したい。また、分かっているだろう、と思っても、他機関と連携・共有する際には「難民申請をしていることもあるので、守秘義務でお願いします」と伝えたい。

3　　エンパワメント、そしてストレングスへの着目

　バイステックの7原則以外で、特に理解したいのが、エンパワメント、そしてストレングス視点だ。エンパワメントとは「パワー（力）を持つことを支える」という意味だ。ソーシャルワークでは、特に社会的に抑圧された人びとに対する支援で、エンパワメントは重要だとされている。もともと、エンパワメントの概念は、アメリカでの激しい人種差別の時代に生まれた。1960年前後の「公民権運動」を経て、1976年に米国のソーシャルワーカーのB.ソロモンが、アフリカ系の米国民が社会での差別を経験したことで生きる力を失っている（パワーレス）状態を解決するために、エンパワメントの重要性を訴えたものだ。

　エンパワメントは、まず「誰しも人は、本来持っている能力や権利があるが、それが社会的障壁により発揮できない状態におかれることがある」という考え方を前提におく。そして、個人や集団への抑圧の歴史を理解したうえで、個人が潜在的に持っている能力、そして「こういう生活にしていきたい」などの意欲に着目し、その力や意欲を問題解決に活用するよう、共に行

動し、働きかけをしたりすること、すなわち「エンパワメントアプローチ」を行う。これが、特に社会的に抑圧された人びとの支援では有効だ。

　また、ストレングス視点とは、個人や家族、コミュニティが持つ課題ではなく、それらの強みや可能性＝ストレングス、に着目することだ。難民は、目の前の状態としては「家がない、頼ることができる人がいない、体調が悪い、日本語が分からない」など、「多くの課題を持つ人」もいる。しかし、遠い国に移動することを決め、今も問題を解決しようとしている、という強いエネルギーや意思の力を持つ人でもある。深く国のあり方について考えたゆえの行動、という人もいる。また、SNSなどを駆使して、目の前の生活問題に対処している人も多い。こうした力を私たち以上に持っていると思うことは少なくない。これらは、難民のストレングスなのだ。それらを活かし、またその力を持つ存在として、支援者とも協働する状況を生み出すことが問題解決につながる（図7-2）。

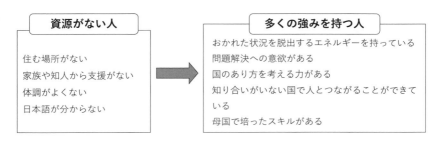

図7-2　ストレングスに着目した捉え方へ

　アメリカ・ワシントン州シアトルにあるアジア・カウンセリング・アンド・リファーラル・サービス（ACRS: Asian Counseling and Referral Service）は、全米を代表する多言語・多文化サービスを提供する機関だ。この機関には、1975年頃より受け入れたインドシナ難民で、本国でリーダー的存在であった人物がソーシャルワークを学びながら勤めるようになった。難民として祖国を脱出してきた経験から、精神的な問題に関する相談が増えた結果、母国語で相談できること、母国文化に配慮された相談支援が提供されることが強

みとなり、地域の精神保健サービス機関へと発展した（日本ソーシャルワーカー連盟国際委員会 2022）。

　私たちは、ときとして難民の脆弱性や厳しい状況を強調しがちである。こうした難民の貢献についての事実を十分に伝えていないことを、自省の念と共に感じる。難民が社会に貢献している側面を伝えるのも、難民支援の1つだ。援助される必要がある部分も理解しつつ、その一方では「支援が必要で色々な課題を持つ人」としてのイメージの固定化にならないようにする。そして、ソーシャルワーカーが彼らを支援でのパートナーとして未来を共につくる、という意識が、難民の支援と社会統合につながる。

4　難民への直接支援だけが難民支援ではない

（1）連携や協働の重要性

　難民の支援では、自分が所属する機関だけで問題が解決する事例はほとんどないだろう。そこで、さまざまな機関との連携が必要となってくる。

　他機関との連携で大切なのは、①丁寧な説明、②相手が感じるであろう負担への配慮、③守秘義務だ。

　まず、①丁寧な説明について、難民の支援をしたことがない専門職は少なくない。また、同じ難民でも、申請中なのか、申請して却下されたのか、難民認定を受けた人なのか、によっても支援の内容や「支援の難易度感覚」はかなり変わってくる、というのが実際だ。そのため、その人はどういう状況でどういう法的立場なのか、なぜ自分の機関が関わることになったのか、本人はどんな人なのか、今後どうしたいと言っているのか、そして連携先の機関には何をお願いしたいのか、などを伝えることが大切だ。

　これは、②相手が感じるであろう負担への配慮でもある。言葉を選ばずにいえば、「難民のケース」は大変、または「やっかい」なのでできれば関わりたくない、と思う支援者もいるのも事実だ。それは、難民自体への拒否的な

感情を持っているからとは限らない。「資金的に十分な支援を行うことができ
ないと思われる」「支援をしたことがない」「以前支援をしたが、その後連
絡が取れなくなった」など、うまく支援できるのか、不安を感じていること
が、こうした消極的な態度になることも多い。そのため、協働、連携の際に
は、何をしてもらえたらありがたいと思っているのか、自分たちは今後も関
わっていく部分は何か、を伝えるほかに、その人ができることなどの強み、
そしてほかの機関から受けている、あるいは今後受けることができる支援な
どを伝える。連携・協働先の機関が「支援に関わったら、自分たちは苦労す
るのではないか」など、大きな負担がかかると感じさせないようにすること
が大切だ。

　③の守秘義務は、通訳を利用する場合は、その通訳には難民であることを
伝え、情報を外に決して出さないよう伝えたい。また、DV問題が関わって
いることもときにあるため、本人の知人や家族との連絡も、本人や支援者に
確認したほうがいい。

　外国人支援全般に言えることだが、支援者同士での連携や協働がうまくい
かず、そこがネックになってしまう、またはそう感じてしまうことも少なく
ない。協力を得ようとして他の機関に連絡をとっても、「うちではちょっと
対応は難しいです」「在留資格がないと支援はできない」などと言われるこ
ともある。また、そもそも連携先が思いつかない、ということもある。その
場合は、インターネットなどでNPO、NGOを探したり、知人に聞いたりし
て「こういう人がいるんだけど、どこか知っていますか」など聞きながら探
すことも多い。その場では連携はできなくとも、連絡を取ってみることで、
お互いの実践を知ることは、その後何かあったときの相談先の候補を把握す
ることにもなるだろう。

(2) 社会発信の重要性

　2006年、日本社会福祉士会に「滞日外国人支援委員会」がおかれ、滞日
外国人の実情に関する調査や研修が行われるようになった。その後、多文化

ソーシャルワーカー養成講座等も行われるようになった。ただ、その内容は、必ずしも難民や難民申請者の固有性に焦点を絞ったものではなかった。今も、特に都市部を中心に、そして非営利団体が中心となって難民支援が行われているが、難民への着目は、他の外国人への支援に比べると少ない。また、社会福祉関連の法律では、社会の変化に応じて今までさまざまに法改正が行われてきた。しかし、外国人や難民に対する追記はほぼなく、通知等での対応となっている。

　こうした環境であることを考えればなおのこと、難民のおかれている状況の社会発信をして、問題への理解を深めることは、とても重要な支援となる。難民は、外国人労働者のように組織に所属して生活を始めるわけではないので、社会とのつながりがとても少ない。難民と認定された後も、地域の人びとが難民についてあまり理解していなければ、地域でも孤立した生活を長きにわたって送ることになる。

　支援機関で作成しているニュースレターで難民の問題を取り上げる、難民として生活をしている人を紹介する、といったことも有効だし、個人レベルの小さなことでもいい。寄付や勉強会の参加なども意義がある。難民の映画祭に行く、でもいい。また、「この前難民の支援イベントに行ったんだけどね」など、自分の経験を知人に伝えるのも、立派な難民支援の1つだ。

(3)　難民支援をめぐる自国の人びとのさまざまな感情や考えも理解する

　2022年のロシアによるウクライナ侵攻は、多くの避難民を欧州諸国で生み出した。以下は、日本社会福祉士会のニュースレターに掲載されていた、国際ソーシャルワーカー連盟の事務局長の言葉の一部だ。

　　難民を受け入れているヨーロッパ各国のソーシャルワーカーは、地域住民の態度にも気を配っています。保守的な政党が、地元の弱い立場の人々に「難民はすべての利益を得ている」というプロパガンダを広め、それによって怒りと被害者意識の文脈を設定し、優位に立とうとする危

険性があるのです。これらの国々では、ソーシャルワーカーが地域にて
支援を必要とする人々を難民センターに招待し、食事をしたり、必要な
衣服を選んでもらったりしています。このようなバランスが保たれなけ
ればならないことを、専門職は知っているのです。

（日本社会福祉士会、2022年4月16日ニュースレター）

　難民を受け入れることで、受入れ社会も大きく揺さぶられる。欧州の各国
では、難民の受入れは社会を分断する要因の1つとなった。どの受入れ国に
も、社会的弱者がいる。国籍によりどちらを優先するか、という話ではない
のだが、そうした声も出る。そうした声の背景にある人びとの複雑な感情を
考えることなく、「難民の人権を擁護すべきだ」「人道的に考えれば助けるの
が当然だ」ということだけを声高らかに掲げても、社会の中で難民への支援
や受け入れは根付かない。

　ソーシャルワークの定義には、「さまざまな社会構造に働きかける」とい
う文言がある。難民を受け入れることへの人びとの肯定的、否定的、さまざ
まな反応に思いをはせ、その反応の背景にはどのような感情や認識があるの
かを考えることが大切だ。難民を知るためのイベントでもいいし、多文化共
生関連のイベントで難民のトピックも取り入れる、などでもいい。社会で難
民を理解する機会を持ち、そして難民支援の中に、地域の方々を歓迎して迎
え入れ、「あなたたちのことも気にかけていますよ」というメッセージを受
け入れる側の人びとに送ることも大切なのだ。

おわりに

　難民の支援を行っていて、望んでいた結果にならないことはとても多い。
日本では、外国人支援、そして難民支援は、法律の枠組みによる支えが乏し
い中で行われている。そのため、支援者の力不足というよりも制度がないこ
とで、難民が社会の一員となることなく孤立してしまったり、あるいは難民
申請中にその地域を離れて遠方に行ったりしてしまう、となることもある。

また、連携先がないために、どうしても支援者が本来の業務ではないさまざまな手配や通訳などをやる状態になってしまったりする状況も起きやすい。それが難民支援、そして外国人支援の現状だ。

　人の問題は、さまざまな環境要因や文化の違いなどで生じたり、また改善されたりする。これはソーシャルワークではエコロジカル・パースペクティブといって重要な視点の1つなのだが、難民がおかれた状況や動きも、さまざまな環境要因が関わる。結局、「今ここでできることをやる」以外にないのだ。支援者も過度にフラストレーションや無力感を持たないようにしつつ、地域のさまざまな機関や人びとの力を借りながら取り組むことが大事だ。他の機関を頼ることで、その機関も「この地域にそういう人がいるのだな」ということを知るきっかけになる。そうした、すぐに結果が出ない取組みにより多くの難民が支えを得て、生きる道を見出し、日本で生きているのも事実なのだ。

■文献
「日本語指導が必要な児童生徒の受入状況等に関する調査結果の概要（速報）」（2022）
　　https://www.mext.go.jp/content/20220324-mxt_kyokoku-000021406_02.pdf
日本社会福祉士会（2022）「ニュースレター No.204」（https://www.jacsw.or.jp/introduction/
　　news/documents/204.pdf（2022.12.2）
「国際ソーシャルワーカー連盟によるウクライナ難民支援活動について〜国境ソーシャル
　　ワーク支援と国際連携ネットワーク〜」（2022年4月16日）IFSWローリー・テュル
　　エル事務局長の現地レポートを抜粋・翻訳（https://www.ifsw.org/ より）
日本ソーシャルワーカー連盟国際委員会（2022）「多様な文化的背景をもつ地域住民
　　（外国人等）に対する総合的な支援をコーディネートする多文化ソーシャルワークに
　　関する調査研究（多文化コーディネート）報告書」https://www.jaswhs.or.jp/images/
　　NewsPDF/NewsPDF_p1ZW4ie8YXvaI6tQ_1.pdf（2022.12.13）

第8章

社会で難民を
受け入れるということ
——アフガニスタンから逃れてきた人たち

小川玲子

　子どもが親を選べないように、国籍は生まれ持ったものである。しかし、たまたま生まれた国で迫害される危険が迫ってきたとしたら、あなたはどのような選択をするだろうか？　アフガニスタンでは2021年の政変により、大きく運命を変えられた人たちがたくさんいる。日本大使館で働いていたり、日本の大学で学んできた留学生たちが「外国のスパイ」として命をねらわれていったのだ。この章ではイスラム主義勢力タリバンが政権を掌握したことによってアフガニスタンから退避をしてきた方たちを中心に、難民を社会で受け入れることについて考えてみたい。

1　難民と出会う機会が少ない日本社会

　子どもが親を選べないように、国籍は生まれ持ったものである。私やあなたが○○人に生まれたのはただの偶然にすぎない。しかし、たまたま生まれたのが難民を多く送り出している国だったとしたら、あなたの人生はどうなっていただろうか？　もしもあなたがアフガニスタン人として生まれていたとしたら、あなたの運命は2021年8月15日を機に大きく変わってしまったはずだ。あなたが男性であれば、髭を伸ばすことを強要され、銃を持って戦うことを強いられているかもしれない。あなたが女性だとしたら、もはや高校や大学に通うことも、仕事をすることも、友人とカフェでおしゃべりすることもできなくなってしまっただろう。そんな状況に突然おかれたとしたら、そしてその状態がいつまで続くのか分からないとしたら、あなたはどうするだろうか？

　筆者は勤務校の授業でアフガニスタンに残るか離れるかをめぐって逡巡する人びとの映像を見せ[1)]、政治状況について解説したのち、「あなたが今、アフガニスタンで暮らしていたとしたら、自国に留まりますか？　それとも離れるという選択をしますか？」という課題を出している。学生の反応はさまざまで、どちらかと言えば海外移住を選択するほうが多い。海外移住を決意する理由としては「自分の将来のため」「安全なところで暮らしたいから」

「人間の尊厳を守るため」「子どもに平和な環境を保障したい」「難民認定されれば支援が受けられるから」などがあげられる。反対にアフガニスタンに残るという選択をする理由については、「自分の国だから」「家族や友人と離れたくないから」「言葉が分からない国でゼロから生活するのは不安だから」「海外で難民として差別や排斥を受けるかもしれないから」という答えが返ってくる。学生たちは、難民になるという選択の背景とその決断が想像していたよりもはるかに難しいことを実感する。

　さらにいくつかの資料を提示しつつ、「日本が移住者にとって安住の地になるためには何が必要だと思いますか？」と尋ねると、教育、就労、医療、住居、日本語支援などの他に「社会として温かく迎えること」と答える学生もいる。どれも正解である。しかし、このように学生が想像力を働かせて考えれば分かることが、実は日本社会で実現しているとは言えない。

　日本は国連難民高等弁務官事務所（UNHCR）に対する世界第4位の拠出国だが（UNHCR 2021）、難民受入れ数は驚くほど少ない。日本の人口規模の12分の1のスウェーデンは、シリアなど中東を中心に2016年には6万7258名、2017年には2万7205名を難民として受け入れているが[2)]、日本は1981年に難民条約を批准した後、1982年から2022年までの約40年間に受け入れた条約難民の合計人数は、わずか1117名である[3)]（出入国在留管理庁 2022）。そのため、日本ではバスの隣に座った人がたまたま難民だったとか、学校の同級生が難民だった、という形で難民と偶然に出会うことはほとんどない。日常生活の中で難民と出会う機会がないということは、社会として紛争や迫害、暴力や平和、人間の尊厳について学ぶ機会がないということでもある。困難な状況を生き延びてきた多くの難民は、知恵と強さと温かさを持っている。そして、そのような経験を持つ人びとが社会の一員であることは、社会が人権と多様性を尊重しているということの証と言える。2022年8月、在アフガニスタン日本大使館の現地職員98名が難民認定されたが、大使館の職員であっても難民になる時代である。難民とは何も特別な存在ではなく、困難に屈することなく生き延びるために国境を越えた人びととといえる。

　歴史を遡れば、日本人も暴力や迫害を逃れて逃避行をしたという経験を有

している。戦前に台湾や朝鮮、満州など日本帝国の植民地や勢力圏に移住した日本人は350万人を超えていた（蘭ら2019）。それが1945年8月15日の敗戦により一夜にして運命が変わり、命の危険にさらされることとなった。特に満州に渡った人びとは、敗戦直前の1945年8月9日にソ連が侵攻してきたため戦乱に巻き込まれ、半年間で17万人もの命が失われた。敗戦時の満州には日本人女性と高齢者と子どもだけがとり残され、女性は性暴力を受け、子どもたちは混乱の中で中国に置き去りにされていった。国家による保護がなく、戦乱を逃れ、逃避行を余儀なくされたという点で、満州からの引揚は難民の経験と重なる。

　また、日本には1948年に韓国の済州島で起きた4.3事件による虐殺を逃れて来日した朝鮮半島出身者や、出身国の民主化運動に関わってきたため帰国が困難になり、そのまま日本に滞在し続けた人たちも暮らしている。本人たちが「難民」と名乗ることはなくとも、さまざまな理由により「迫害の恐れがあるという十分に理由のある恐怖」という難民性を持った人びとは私たちの周辺にもいる[4]。難民を社会で受け入れるということは、紛争や迫害があるという事実だけでなく、紛争や迫害を逃れてきたという状況をどこまで想像できるか、ということでもある。難民になりたくて難民になった人はいない。そして、難民になる前は誰もが私たちと同じように平和な生活をしていたのである。この章では2021年8月にイスラム主義勢力タリバンが政権を掌握したことによってアフガニスタンから退避をしてきた方たちを中心に、難民を社会で受け入れることについて考えてみたい。

2　日本とアフガニスタン

　2001年の9.11同時多発テロ以降、アメリカはテロの首謀者であるウサーマ・ビン・ラーディンをかくまっているとして、アフガニスタンに侵攻を開始する。アメリカをはじめとする多国籍軍はアフガニスタンを攻撃し、タリバン政権を崩壊させ、それに代わる暫定政権を発足させる。そして、アフガ

ニスタンをテロの温床にしないために、国際社会による復興支援が開始され、日本もその枠組みの中でアフガニスタンに対する国際協力を開始する。その後、20 年間にわたり、日本はアフガニスタンに対する主要援助国として7000 億円以上の資金を提供し、国際協力事業団（JICA）やNGOがさまざまな開発援助を展開してきた。

　アフガニスタンの復興支援の柱の 1 つとして掲げられたのが教育協力である。新しい民主主義的なアフガニスタンの国づくりを担う人材として、日本政府はこれまで 1400 名以上の留学生を受け入れてきた。特に JICA によるPEACE（未来への架け橋・中核人材育成プロジェクト）奨学金は、アフガニスタン政府の行政能力の強化を目的としており、アフガニスタンの行政官が農学、工学、医学、法学、平和構築などの分野で修士号や博士号を取得して帰国し、国家建設に尽力してもらうことが目的であった。元留学生は「JICA の奨学金はフルブライトについで名声が高く、日本から帰国した留学生は高い地位と給与で厚遇されていた」と語る。帰国した留学生は、官僚として中核的なポストに就き、大学で教鞭をとるなどして社会の第一線で活躍していた。しかし、2021 年 8 月 15 日、彼らの運命は一転した。

　2021 年、アフガニスタンに駐留していたアメリカ軍の撤退期限が 9 月 11日に迫る中、イスラム主義勢力のタリバンが躍進を遂げていた。タリバンとは神学生という意味で、イスラム教を信奉し、イスラム法にのっとった統治を行うことを目指した集団である。8 月上旬に地方へと勢力を拡大してきたタリバンは、8 月 15 日にカブールを制圧し、アシュラフ・ガニ大統領は国外に脱出した。タリバンが政権を掌握したことで、国外脱出を試みる人たちがカブール空港に殺到し、航空機に必死でしがみつく人びとの映像が世界中に衝撃を与えた。

　カブール陥落以前から、多くの日本の大学関係者や NGO 職員はアフガニスタン人からの退避の要請を受け取っていた。タリバンは政府の官僚や海外とつながりのある人びと、マイノリティや高学歴女性などをねらっており、アフガニスタン政府の官僚や大学教員であった元留学生は格好のターゲットとなった。在アフガニスタン日本大使館や JICA の現地職員も日本とつなが

りがあることで「海外のスパイ」や「売国奴」と呼ばれ、極めて危険な状態にさらされた。なお、日本人職員は先に退避しており、現地職員だけが取り残されていた。8月下旬には自衛隊機が出動したが、日本政府は自衛隊機の定員には限りがあることから、元留学生やNGO現地職員などの民間人については搭乗できるのは本人のみとして家族帯同を認めなかった。そのため、元留学生をはじめとして多くの民間人は退避をあきらめざるを得なかった。アフガニスタン人たちは命の危険が迫るギリギリの状態でも、家族を見捨てて自分だけが助かるという選択をしなかったのである。結局、自衛隊機による救出は、カブール空港周辺で起きた自爆テロによって失敗に終わった。

3　目の前で起きた人道危機

　タリバンによる政変以降、日本に退避を求めてきた人たちには3種類の人たちがいる。第1に、在アフガニスタン日本大使館現地職員およびJICAの現地職員（以下、政府関係者）、第2に元留学生やNGO関係者（以下、元留学生等）、第3に在日アフガニスタン人の家族である。では、背景の異なる3つのグループはどのようにして「迫害の恐れ」を感じたのだろうか。

　タリバンによる政変から半年後の2022年1～2月にアフガニスタン退避者受け入れコンソーシアムが日本に退避してきた人びとに対して調査を行ったところ、有効回答の55世帯のうちの95％がアフガニスタンに帰国すれば迫害の恐れがあると回答しており、その理由としては「自分や家族が旧政権関係者であること」「自分や家族が外国とつながりがあること」「教育を受け、働いている女性であること」「留学経験・高い学歴」「少数民族の出身」であることがあげられた（アフガニスタン退避者受け入れコンソーシアム 2022）。「迫害の恐れ」は将来の可能性ではなく、目の前の現実となり、政変後は多くの人たちがタリバンによる家宅捜索を恐れて頻繁に居場所を変え、隠れて暮らすことを余儀なくされた。中には死刑宣告ともとれる脅迫状を受け取った人たちや、実際に殺害された人もいる。特に少数民族出身者や高学歴女性は危

険な状況におかれ、いつタリバンに見つかるか分からないという恐怖から、精神的にも憔悴しきっており、眠れない夜を過ごしていた。日本への留学経験を隠して暮らしている元留学生は「昨日も自宅から300メートル先で殺害があった。ここには法も秩序もなく、恐怖と絶望が蔓延している」と訴えてきた。

　そのような現地からの情報を血も凍る思いで受け止めてきた日本の大学関係者は、アフガニスタン人留学生の特定につながる研究論文のタイトルや受賞に関する情報を大学のホームページやSNSから削除し、同窓会名簿がタリバン側に流出していないことをひたすら祈った。関係者によれば、首都カブールは、過去20年間にめざましい発展を遂げてきており、カフェやレストランは大勢の人びとでにぎわい、モダンな様相を呈していたという。しかし、タリバンによる政変以降、数か月間はパキスタンやイランへ移動する陸路の国境は封鎖され、民間航空機の運航も停止し、まるで国全体が巨大な監獄と化したかのように、人びとは息をひそめ、街は恐怖に包まれた。特に迫害を受けた歴史がある少数民族は、家族が殺害されたり、兄弟が連行されたり、モスクや学校や結婚式場が自爆テロのターゲットになるという慄然とするような恐怖を味わってきた。2021年の夏、コロナ禍で在宅勤務を続けていた私たちの目の前で、まるでホラー映画のような人道危機が展開していったのである。

　このような緊急事態を受けて、第1の政府関係者については自衛隊機の搭乗リストをもとに日本政府は特例的に2021年10月から12月の間にカタール経由で退避をさせ、来日後に在留資格「特定活動」を発給している。その後、在アフガニスタン日本大使館現地職員は2022年8月末に日本政府との雇用契約が打ち切りとなり、8月1日に難民申請し、3週間以内という異例の速さで難民認定が行われている。なお、169名の現地職員のうち、難民認定されたのは98名、7名は難民申請せずに日本に滞在、7名は欧米などの第三国へ出国、58名は帰国している（茨城新聞2022）。政府による退避者の3割強が日本での生活よりも、タリバン暫定政権下での生活を選択したことは大きな衝撃である。安全なはずの日本が必ずしも安心して暮らせる環境を提供

できていないことを示している[5]。

　一方、難民認定を受けた人たちは2022年10月から難民事業本部による半年間の日本語教育の提供などの定住支援プログラムに参加し、援助金の支給が行われることとなった。ところで、2022年の冬はロシアによるウクライナ侵攻に伴って物価とエネルギー代が急騰した。しかし、難民認定によって支払われる大人一日1600円、子ども一日800円という援助金には生活保護では認められている冬季加算もなく、難民となった元大使館職員家族は気温が零下に下がる中、暖房が使えず悲鳴を上げていた。母親たちは小さな子どもや生まれたばかりの赤ん坊を抱え、日本で生活を開始するには不安しかなかった[6]。

　第2の元留学生については、大学が非常勤職員として雇用するという形で在留資格「教授」の申請を行い、退避支援を行ってきた。日本政府はこれまで留学生30万人計画などを通じて海外から留学生を積極的に受け入れてきた。また、高度外国人材についても社会にイノベーションを起こし、高付加価値の製品やサービスを生み出す存在として獲得に尽力してきた。しかし、アフガニスタンのケースのように留学生が難民になったときの対応については何ら方針を持ち合わせていなかった。元留学生らはタリバンによる政変を境目として、「望まれる留学生」から「望まれない難民」へとカテゴリーを横断することとなった。元留学生たちは、前者のときには高度人材として高く評価されていたが、政変後に後者へとカテゴリーがシフトした瞬間に日本は門戸を閉ざした。日本政府は一度帰国した留学生が日本とのつながりゆえに迫害されているとしても、公的な支援は提供しなかったのである。そのため、元留学生の退避は大学関係者や個人が身元保証人になる形で行われた。

　第3の在日アフガニスタン人家族については、突然の政変のニュースに1996〜2001年のタリバン統治の記憶がよみがえり、恐ろしさに震えて眠れない夜を過ごしていた。そして、アフガニスタンに残る家族を通常のビザ申請により自力で呼び寄せを行ってきた。

　アフガニスタンからの退避を要請してきた人びとは全員が日本とのつながりがあり、特に第1と第2の退避者は日本とのつながりゆえにタリバンからの迫

害に直面しており、帰国することは困難である。しかし、政府関係者と元留学生の多くは、来日からしばらくすると当初の雇用契約は終了し、日本語教育も中途半端なままで自立を迫られることとなった。一方、第3の在日家族についてはすでに生活の基盤が日本にあることから、定着はより円滑に進んでいる[7]。

タリバンによる政変を受けて、日本に滞在しているアフガニスタン人は2021年6月の3476人から、2022年6月には4747人に増加している（法務省 2021, 2022a）。また、2022年の難民認定者202人のうち147人はアフガニスタン人である（出入国在留管理庁 2022b）。もっとも人口1700万人のオランダは自国と関わりのあるアフガニスタン人を4450人以上受け入れており、アメリカは7万6000人以上、カナダは2万9000人のアフガニスタン人を受け入れている[8]。日本はこれまでアフガニスタンに対してはアメリカ、ドイツ、イギリスに次いで世界第4位の支援国であり、政府の奨学金を通じて留学生の受入れを推進してきたことを考えると、この人数はあまりにも少なく、人道的と言えるかどうか疑問である。

4　定着の課題

難民が定着する地域においては、地方自治体と民間との連携が鍵となる。これまで外国人受入れの経験値の高い自治体では人材もネットワークも蓄積があり、迅速な対応が行われているが、多くの地域では初めてのこととして試行錯誤が続いている。以下はアフガニスタンからの退避者が直面してきた課題である。

(1) 住居について

難民が安定して生活を始めるためには、安価な住居の確保は優先的な課題である。特に家族で退避してきている場合には、住居の確保が大きな問題と

なる。第1の政府関係者については、退避直後は公的な施設で生活をしていたが、全員がすでに民間賃貸住宅に移行している。第2の元留学生については、退避後しばらくの間は大学が寮を無償提供してくれたところもあるが、多くは期限付きのため民間賃貸住宅へと移行している。第3の在日家族についてはすでに生活の基盤が日本にあるため、家族が対応している。

　なお、ウクライナ避難民には多くの地方自治体が公営住宅を無償で提供しているが、それ以外の国籍の難民や難民申請者にはそのような支援はない。そのため、アフガニスタンからの退避者には敷金と礼金と家賃の支払いが経済的負担として重くのしかかっている。また、公営住宅の中には、敷金も礼金も保証人も不要であるが、雇用がない場合には14か月の家賃の前払いが必要であったり、風呂釜を設置するために当初費用として20万円が必要と言われたケースもある。住居に関してはAirbnb[9] がこれまで10万人以上の難民に対して一時的な住居を提供してきたが[10]、難民支援に関するこのような取り組みは日本では起きていない。難民が安心して定着できるようになるためには、生活をスタートさせる時点での安価で質の良い公営住宅[11] の無償提供は大きな助けになる。

(2) 就労について

　難民が安定して暮らせるようになるためには、仕事をして収入を得ることが最も重要である。アフガニスタンからの退避者は政府関係者も元留学生たちも当初は有期雇用であり、契約期間終了後は就職を探さなければならない。日本の場合、難民の就労にとって最大のハードルは日本語である。難民認定者については、半年間の日本語教育を受けることができるが、6か月では就労に必要なレベルに達する日本語を身につけることはできない。そのため、彼らは日本語教育期間の延長を要請したが、認めてもらえなかったという。半年後には援助金もなくなり、自立することを迫られるが、日本語レベルが依然として低いままであるため、学歴や経験を活かした就労を見つけることはとても難しい[12]。

　全員が難民認定された在アフガニスタン日本大使館現地職員は、大使館での雇用は1年ごとの契約更新であり、仕事上日本語を使う必要はなく、カブール大学には日本語学科はなく、アフガニスタンでは日本語を学ぶ環境はなかったという。また、元留学生は日本留学の目的は専門性を身につけて帰国し、アフガニスタンの復興に貢献することであったため、日本語はほとんど習得してこなかった。退避してきた元留学生は次のように言う。

　　留学していたときにはいかに多くの専門的な知識を学び、それをどうやってアフガニスタンで活かすかだけを考えていた。だから、日本語を勉強する時間を惜しんで専門書を読んでいたんだ。

　元留学生は大学院修了後は帰国が前提であったため、日本語学習には取り組んでこなかった。

　しかし、退避者は来日後に日本語という高い壁に直面することとなる。中には、理系の博士号を持っていても日本語ができないこともあり10以上の企業の面接で不採用となり、ホテルのベッドメーキングをしながら家族の生活を支えている方もいる。医学の博士号を持つ元留学生も、専門知識を全く活かせず、肉体労働に従事しており、アルバイトで糊口をしのいでいる。ハローワークから提供される仕事は月に20万円以下のものしかなく、これではとても家族を養うことができないと肩を落とす人たちもいる。日本語の習得には時間がかかるが、生活を支える公的支援が不足しているため、退避前の学歴や職歴、技術や経験が生かせる就労に就けるまで待っている余裕はない。日本は政策として高度人材や留学生の受入れを進めているが、日本語ができない修士号や博士号保持者には専門性に見合った労働市場は開かれていない。一方、ウクライナ避難民に対しては、日本語ができなくても数多くの企業から仕事の提供があるが、アフガニスタン人や他の国籍者に対しては、能力や学位があっても評価されにくい。つまり、難民認定は決して日本での安定した生活を約束するゴールではなく、日本での定着に向けた長い闘いの第一歩に過ぎない。

　一般的に難民は移民よりも就労までに時間がかかることが知られている。そして、受入れ国の労働市場や社会統合政策も難民の定着には大きな役割を果たす。ヨーロッパのデータによれば、難民は移民に比べて就労するまでの期間が長く、到着してから2年後に就労している確率はフィンランド、デンマーク、ドイツ、ノルウェーにおいては20％であり、カナダでは60％である（Courtney Brell, Christian Dustmann, and Ian Preston 2020）。難民が能力を活かせるかどうかは、受入れ社会がどのような難民受入れ政策をとっているのかによって大きく異なっている。受入れ社会が教育の機会を提供し、人的資本を活かすことができる制度があれば、難民のキャリア形成とホスト社会への貢献は可能となる（Gowayed 2022）。しかし、教育の機会が不十分で、経験を活かせない仕事に就かざるを得ないとすると、難民は社会の下層へと周縁化されることになる。

　海外では難民となった人びとがそれまで築いてきたキャリアが活かせるような取り組みも行われている。例えば、ロンドン大学が行っている難民ジャーナリズムプロジェクトでは、複数のメディアと大学が連携をしながら難民となった人びとがイギリスのジャーナリズムの現場と、英語で記事を書くこと学ぶことで、自信を持って再びジャーナリストとして働けるよう導いていくというものだ（Open Democracy 2022）。最も重要なことは、"Yes, you can"というメッセージと、次のステップへ向けた道標を提示することである。難民ジャーナリストは、通常のメディアが取り上げることができない難民自身の課題を報道することができるため、メディアの担い手の多様性を確保する上でもとても重要である。

　難民が持っている力を活かすことができる社会は、多様性と人間の尊厳が尊重された社会である。難民が力を発揮できるかどうかは、難民自身の問題であるというよりも受入れ社会の問題なのである。

(3) 子どもの教育について

　日本での新しい生活を開始するにあたり、子どもの学校生活はとても重要

であり、子どもを通じて両親も地域社会とのつながりが形成されていく。難民に限らず、外国ルーツの子どもたちは15歳までは義務教育年齢にあたるため、小学校や中学校に通うことができる。しかし、日本語の壁もあり、友人もできず、すでに特別支援学級に通うことになった子どももいる。

　そして、16歳以上の年齢で来日した子どもたちにとっては高校や大学進学の壁は厚い（小川 2023）。当面、日本で生活するしかない難民の子どもたちが、低学歴や不就学に陥る状態にさらされており、深刻な事態である。ウクライナ避難民については文部科学省事務次官が通知[13]を出しているため、日本語ができなくても高校入学が円滑に行われており、多くの大学受入れを表明している[14]。しかし、他の国籍の難民についてはそのような特別の措置はない。そのため、在アフガニスタン日本大使館現地職員の子弟ですら、来日1年を経ても16歳以上の子どもたちは高校に通うことができずにいる（小川 2022, 2023）。

　日本の学校は学齢主義のため、16歳を過ぎた生徒たちは出身国の中学を卒業していなくとも日本の中学校には受け入れてもらうことができず、地域によっては夜間中学がないところもあり、中卒認定の試験は日本語ができないと難しいことから、高校進学ができなくなるという事態も発生している。本人には全く落ち度がないにもかかわらず、教育制度の違いから、低学歴を余儀なくされることはあってはならない。また、大学に合格しても親の就労が不安定なことから学費が支払えずにいる学生もいる。なお、日本語教育推進法第15条には難民に対する日本語教育についても「定住のために必要とされる基礎的な日本語を習得することができるよう、学習の機会の提供その他の必要な施策を講ずる」と定められている。

　実際、難民の子どもたちも外国ルーツの子どもたちと共に、日本語教育の専門家による教育が求められている。栃木県が2008年に開設した外国人児童生徒適応指導教室「かけはし」で学んだ難民の子どもたちは、半年後には見違えるほど日本語が上達し、「将来はNASAのエンジニアになりたい」と夢を膨らませていた。子どもたちの成長は早く、週に1回程度のボランティアによる日本語の授業では、いつまで経っても学習言語としての語学力は身

にはつかない。子どもたちの未来を拓くためには、母語支援とともに学習言語として日本語を身につけるための公的支援が必要である。

（4）家族の呼び寄せ

　難民として日本で暮らす人たちの多くは出身国に家族を残してきている。政府はウクライナ避難民に対しては短期滞在ビザを発給し、身元保証人がなくても柔軟に受入れを進めてきた。しかし、アフガニスタン人については家族滞在の在留資格の範囲である配偶者と子どもしか滞在が認められないため、多くの退避者は出身国に残された家族の安否を心配し、勉強や就労に集中することができずにいる。タリバンが政権を掌握してからパスポートの取得には膨大な時間がかかるようになり、女性だけの移動は禁止され、近隣国のビザの取得も難しく、国境を超えることは容易ではない。妊娠している妻、病気の母、タリバン兵と強制結婚させられそうな妹、大卒で高学歴なのに仕事をすることができない姉、タリバンに連行された弟やいとこを何とか日本に呼び寄せることができないか、という相談が筆者のところには寄せられている。しかし、日本政府はアフガニスタン人が来日するためには就労か就学の在留資格の取得を求めており、ハードルは高い。日本語の専門学校への留学についてもウクライナ避難民については多くの学校が門戸を開放して受入れを進めているが、ウクライナ人以外には学費免除などの特別な措置はない。UNHCRは難民の家族呼び寄せに対しては柔軟な対応をとることを呼びかけており、それに対応している国もあるが[15]、経済的な自立を強調する日本政府の下では家族の呼び寄せは困難である。

（5）メンタルケア

　退避者の絶望感をさらに深めるのは、アフガニスタンにおける政治経済状況である。2022年9月には歴史的に迫害を受けてきたマイノリティであるハザラ人の女子学生が多く通う学校をねらった自爆テロが起き、退避者の姪

やいとこらが犠牲となった。アフガニスタンの家族の誰かが殺されることが常態化した過酷な状況の中で、多くの退避者が不眠症や鬱の状態から抜け出せずにいる。また、退避者自身も来日するまでに暴力や差別を経験している場合もあり、メンタルケアがとても重要になってくる。

　しかし、日本には難民が少ないため、紛争などのトラウマを扱うことができる精神科医は非常に少ない。日本の医療制度も外国人対応にはなっていないため、多くの場合、問診票は日本語でしか準備されておらず、医療通訳も限定的である。無料低額診療などの制度はあるものの、健康保険がない難民申請者や仮放免者などの場合には、200 ～ 300％の診療報酬を要求される場合もあり、過度な経済的負担が生じている。

　退避者は日本で生活していても、家族と引き裂かれることで精神的に不安定になり、就労へ向けたハードルの高さや日本語習得にも時間がかかることから、将来が見えない不安感にさいなまれることもある。出入国在留管理庁は、2021年度内にアフガニスタンの情勢に対応するために、在留しているアフガニスタン人については引き続き滞在ができることや、退去強制令書が発出されていたとしても本人の意思に反して送還されないという通知を発出している[16]。それでも、政府退避者や留学生の中にはいつ在留資格が取り消されるか分からないと怯えている方たちもいる。このような不安感からくる精神的な重圧は日本での定着を妨げ、日本語の習得を難しくするため、できる限り取り除かれることが望ましい。そのためには、退避者に対して日本で安心して暮らせるというメッセージを政府が発信すること、そして信頼関係を政府自らが努力して作ることが重要である[17]。日本に退避したアフガニスタン人のうちすでに数家族がカナダ、ドイツ、イギリス、スコットランド、ニュージーランドなどへ再移住していった。政府が難民を負担と考えるか、人材と考えるかについては難民当事者が最も敏感に感じ取っているのである。

5　多様で包摂的な社会を目指して

　難民を社会で受け入れることについてアフガニスタンからの退避者の例を見ながら考えてきたが、難民の支援のあり方は状況に応じて変化する。命を救うための退避のオペレーション、退避後の一時的な雇用契約による就労、退避時の雇用契約が終了し民間住宅に移動して就活・就労を開始、最後に安定した就労を得て、家族ともども地域に定着することになる。しかし、そこに至るプロセスはとてつもなく長く、ほとんどの退避者は1年が経過した後も安定した雇用には就いていない。そして、家族の中でも夫と妻、子どもたちはそれぞれの課題を抱えており、支援者には難民の文化的な背景と同時にジェンダーや宗教やエスニシティや階級についての理解も欠かせない。

　一方で、難民の定着に必要なものは国籍によって変わるわけではない。住居、日本語教育、就労支援、学校教育、生活費などはどこの国からの難民にも必要である。2022年3月、政府はウクライナからの避難民の受入れを決定し、政府と地方自治体は迅速な退避のためのビザ発給、生活費支援、公営住宅の無償提供、学校への編入、就労支援、避難民証明書の発行、日本語教育支援等を提供し、企業は雇用や支援物資を提供してきた。これらは社会としてあるべき難民受入れの姿である。しかし、ウクライナ避難民とそれ以外の国籍者に対する支援の格差は明らかであり、そのような差別的な対応は命と希望の格差に直結する。日本が批准している国際人権条約は人種差別を禁止しているが、学校教育や医療、公営住宅に対するアクセスにおいて日本政府が格差を設けることは、紛争や迫害を逃れてきた難民や避難民の間にヒエラルキーを生み出している。アフガニスタン人の間からは「ウクライナ人に生まれればよかった」という声も聞かれ、政府による二重基準を前に返す言葉を失くす。難民に対する支援とは寄付をしたり、食糧を提供したりすることだけでなく、国家と社会による人種差別に対してNOということも重要なのではないかと感じる。

　アフガニスタン人元留学生は「自分は日本に留学生としてきたときには日

本を第2の故郷だと思っていた。でも、今は自分の国を失ったので、日本は第1の故郷だ」という。難民となる経験をしてきた人たちが生きられる社会とは、彼らが日本で自分の居場所が見出せる多様で包摂的な社会である。難民の人権が尊重され、保障される社会は、すべての人の人権が尊重される社会なのである。

注

1) 国連広報センター「21世紀シリーズ特別版：難民と移民（TOGETHER）」の中の「アフガニスタン苦渋の選択」https://www.youtube.com/watch?v=VyFN_qFucR0

2) Migrationsverket, 2022, Asylum, https://www.migrationsverket.se/English/About-the-Migration-Agency/Statistics/Asylum.html

3) インドシナ難民と第三国定住による定住難民および人道配慮を含めると1万5717名。

4) 例えば、中国の天安門事件やアラブの春後のシリアの内戦、香港の民主化運動、ミャンマー国軍によるクーデターなど出身国の政情不安があるたびに、多くの外国出身者は帰国すれば身の危険があるのではないかと苦悩してきた。

5) アフガニスタンに帰国し、再来日を果たした現地職員によれば「外務省から帰国を促されて帰ったが、安全ではなかった」と語っている（東京新聞2023）。

6) 筆者は数多くの民間団体を通じて、食糧や衛生用品、最も暖房代が節約できる石油ヒーターなどを送ってきた。

7) 在日アフガニスタン人の集住地域の自治体では子どもの教育の課題が深刻化している。

8) Government of the Netherlands, N/A, Frequently asked questions about Afghanistan, https://www.government.nl/topics/afghanistan/faq-about-evacuation-from-afghanistan; VOA, 2022, The Massive, Costly Afghan Evacuation in Numbers, https://www.voanews.com/a/the-massive-costly-afghan-evacuation-in-numbers/6449553.html,（2月18日）, Government of Canada, 2023, #WelcomeAfghans, https://www.canada.ca/en/immigration-refugees-citizenship/services/refugees/afghanistan.html

9) 旅行者と宿泊スペースの持ち主をマッチングさせるオンラインプラットフォーム。

10) Airbnb.org's support of refugees around the world, https://news.airbnb.com/airbnb-orgs-support-of-refugees-around-the-world/

11) 日本大使館現地職員が入居した公営住宅には結露がひどく、壁も床も濡れたような状態であり、天井から漏水している物件もあった。

12) 筆者が2023年3月末に日本大使館現地職員に対して行った調査では、回答者数16家族、回収率80％で93名の難民認定者が対象であるが、そのうち正規雇用で就職できていたのは1家族に過ぎなかった。

13) 文部科学省事務次官 義本博司（2022）「ウクライナからの避難民の児童生徒等の教育機会の確保について（通知）」https://www.mext.go.jp/content/20220419-000021925-mxt_ope01_01.pdf

14）日本学生支援機構（2023）「ウクライナの学生への支援を実施している大学」https://www.studyinjapan.go.jp/ja/planning/search-school/daigakukensaku/ukraine-u/post-1.html

15）UNHCR Help Afghanistan Family Reunification, https://help.unhcr.org/afghanistan/family-reunification/

16）出入国在留管理庁、N/A、本国情勢を踏まえてアフガニスタンの方への対応、https://www.moj.go.jp/isa/publications/materials/10_00065.html

17）カナダ政府は#WelcomeAfghansを掲げ、受け入れたアフガニスタン人の人数や脆弱な人びとの保護と支援についての情報をHPに公開している。https://www.canada.ca/en/immigration-refugees-citizenship/services/refugees/afghanistan.html

■文献

アフガニスタン退避者受け入れコンソーシアム（2022）「アフガニスタン退避者概況調査結果概要」https://drive.google.com/file/d/157-ELIgI7tF2hsgVNou7DYYnfTXUeX_t/view

蘭信三・川喜多敦子・松浦雄介編（2019）『引揚・追放・残留』名古屋大学出版会

茨城新聞（2022）「アフガン帰国、渡欧4割　日本大使館現地職員　外務省の支援不十分」9月15日

UNHCR（2021）「日本政府によるUNHCRへの支援」https://www.unhcr.org/jp/japanese-government-unhcr

小川玲子（2022）各自核論「アフガン難民積極支援を」北海道新聞、8月11日

小川玲子（2023）「アフガニスタン難民認定者の現状調査」アフガニスタン退避者受け入れコンソーシアム主催「アフガニスタン退避者受け入れの今――国際的視野から、ウクライナ避難受け入れとの比較の視点から」報告資料（抜粋）、3月27日（抜粋）https://drive.google.com/file/d/1FDTSmTyhCKdUcU955KBPtexc5xuHIakj/view

出入国在留管理庁、我が国における難民庇護の状況等、https://www.moj.go.jp/isa/publications/press/07_00035.html

東京新聞（2023）「アフガニスタンは危険と再来日　避難した日本大使館の現地職員」4月23日　https://www.tokyo-np.co.jp/article/245765

法務省、2021年〜2022年、在留外国人統計、https://www.moj.go.jp/isa/policies/statistics/toukei_ichiran_touroku.html

Courtney Brell, Christian Dustmann, and Ian Preston（2020）The Labor Market Integration of Refugee Migrants in High-Income Countries, *Journal of Economic Perspectives,* Volume 34（1）: 94-121.

Gowayed, Heba（2022）*Refuge: How the State Shapes Human Potential,* Princeton University Press.

Open Democracy（2022）I Am Not Your Refugee: Media and Migration, https://www.opendemocracy.net/en/podcasts/podcast-i-am-not-your-refugee/media-and-migration/

第 **9** 章

難民の地域での
生活・統合・包摂

石川美絵子

　　困難を経ながらも日本で在留資格を獲得した難民は、その日から幸せに生きていかれるかというと、現実はそうではない。筆者が所属する日本国際社会事業団（ISSJ）では、さまざまなケースワークを通じて、難民認定後にそれまでと異なる支援を必要とする人びとを多く見てきた。

　　本章では、在留資格を得て地域に定住する難民が、どのように包摂され得るのか、参加、コミュニティ、ソーシャルワークをキーワードに、ムスリム女性の日本語教室という事例を通して見ていくこととする。

1　地域で暮らす難民

　難民の暮らしについて、皆さんはどのようなイメージを抱くだろうか？ステレオタイプ的な映像や画像では、砂ほこり舞う広い平地に立ち並んだテント、人びとが水や食料をもらうために列をなしている様子などが描かれる。日本ではない、どこか遠くで暮らす難民たち。実際には難民はキャンプだけではなく、市街地にも多く暮らしている。前章までを読んだ読者は、難民は今や世界各地に居住し、日本でもまた暮らしていることがお分かりだろう。

　それでは、難民が日本でどのように暮らしているか、すぐに想像できるだろうか。

（1）難民の背景を持つ人びと

　日本の難民認定の数は非常に少ないとはいえ、何らかの在留資格を得て日本で暮らす難民がいる。申請者から定住者に切り替わることで新たな支援が必要になるが、この局面で中長期的な生活設計に基づく支援を得ることがむしろ困難になっている。移民政策のない日本では、難民や移民が社会に統合されるための政策に乏しいため、難民には直ちに自立が求められ、在留資格を得てもサバイバル状態が続く。また、在留資格を得たことで安心した支援者が手を引いてしまい、孤立状態におかれることもある。だが、受入れ国で

生活を再建することは多大な困難を伴うものであり、言語や文化の違いは、統合のハードルとして依然として存在する。

　日本で暮らす難民の姿が見えにくい理由の1つには、彼らがさまざまな形で在留許可を受け、難民かどうかは本人が言うまでは容易には分からないという点があげられる。

　政府が受け入れる難民の中にも、過去に受け入れたインドシナ難民の他に条約難民、第三国定住難民があり、人道配慮にはミャンマー難民への特例措置[1]も含まれる。その他に、難民としてではないが、ウクライナ避難民、シリア人留学生や就労系の在留資格を保有するアフガニスタン人なども存在し、表向き難民ではないが、難民の背景を持つ人が増えている。

　難民の背景を持つ人たちが「難民」に対して抱くイメージも、さまざまである。ネガティブなイメージを持ち続けることもあれば、留学や就労の資格で在留していたものの、在留資格や支援制度へのアクセスを安定化させるために（半ば仕方なく）難民申請をする場合もある。実際、条約難民となった人の中にも、スティグマがあることから決してそのことを表明しない人もいる。したがって、難民に出会ったことがないというホスト・コミュニティの人たちも、そうとは知らずに出会っている可能性はある。

　本人が言いたくないのに可視化する必要はないように思われるが、日本で暮らす難民（の背景を持つ人びと）の状況が明らかにされないと、ニーズの把握や支援の構築が難しいという実情もある。女性や子どもなどの家族構成員については、ニーズ把握やアウトリーチはより一層難しい。当事者がその背景について表出しない場合でも、支援者側はある程度想定して支援に臨むことが必要だろう。

（2）難民と地域定住

　難民の地域定住について、明確に定義づけることは難しい。国語辞典によれば、「定住」とは一定の場所に住居を定めて暮らすこととされている。また、敷田（2019）によると、「地域」とは、一定の地理的範囲とそこに住む

住民やその関係性を表す[2]。難民支援の文脈で使う時にあえて「地域」と「定住」を合わせているのは、単なる居住を意味するのではなく、地域という一定程度の広がりの中で居住地を定め、そこに暮らす人びととの関係性の中で包摂されていくさまをも表しているように思われる。

　難民の地域定住支援とは、難民の地域社会での自立と参加を支える取り組みであると言われる[3]。強制移動から受入れ国に到着した難民は、新しい社会に適応して生活を再建することになる。適応とは、新しい環境（文化、社会、気候／自然環境）の中で日常生活を滞りなく行えるようになることを意味するが、そのプロセスは直線的に向上するものではない。移民と同様、紆余曲折を経て、停滞やアップダウンを繰り返しつつも高められていくことが望ましい。

　ここで、「参加」について考えてみたい。参加とは、非常に広い概念である。1つの参考として、ICF（国際機能分類—International Classificatin of Functioning, Disability and Health）における参加（Participation）がある（図9-1）。

　これは、2001年に世界保健機関（WHO）が採択したもので、障害の有無にかかわらず、すべての人の生活機能（＝生きることの全体像）を示す。ここにおいて「参加」とは生活・人生場面（life situation）への関わりのことである

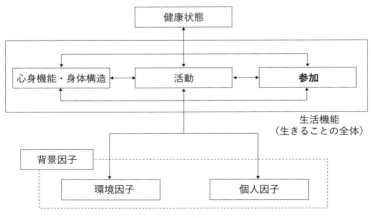

図9-1　ICF（国際生活機能分類）における参加の考え方

と定義され、関与の概念が含まれている。参加する対象としては、就労、学習、学校、趣味、スポーツ、地域活動、家庭生活、コミュニケーション等があげられる。参加制約（participation restrictions）とは、個人が何らかの生活・人生場面に関わるときに経験する難しさのことであると定義されている[4]。

　自立の概念そのものも福祉政策の中では変化があり、現在は「自己決定」を含む多義的なものとなっている[5]。難民に視点を戻すと、地域の中で難民の自立を支えるためには、彼ら・彼女らがどのように生きたいのかという声を聞き、自己決定を支援することが必要である。そのうえで、難民が地域において人や集団、何らかの活動と関わりを持つこと、役割を果たすこと（＝参加）を支援することが求められる。

2　エスニック・コミュニティと難民

(1) コミュニティとは

　日本で暮らす外国人は、さまざまな「コミュニティ」を形成している。コミュニティは日本語では「地域」や「場」と表現されることもあり、外国籍住民に限らず、日本人もまた何らかのコミュニティに所属している。一般に、コミュニティとは必ずしも地域的なつながりに限定されるものではない。広井（2010）によると、コミュニティとは「人間が、それに対して何らかの帰属意識を持ち、かつその構成メンバーの間に一定の連帯ないし相互扶助（支え合い）の意識が働いているような集団」と捉えることができる。

　コミュニティにおける相互扶助という機能は、外国で暮らす移住者にとっては一層重要性を持つ。初めて暮らす国では日常生活における多くの支援を必要とし、コミュニティへの依存度は高まる。もちろん、これには個人差があり、コミュニティとの関わり方は、個人が持つ知識やスキル、性格などによって違いが生じる。避難先を選ぶことのできない難民は、定住しようとする国に関する予備知識やスキルが希薄になりがちで、コミュニティに頼る割

合が高まると考えられる。コロナ禍では失業や休業のあおりを受けてコミュニティ構成員の生活が全般的に不安定になり、相互扶助機能が大きな影響を受けた。それにより、ISSJには食糧支援を求める相談が増え、相談者の多くはコミュニティで助けてもらえなくなったことを理由にあげた。日本人以上にコミュニティ内で助け合っている様子を、改めて実感した次第である。

　コミュニティの機能には、情報伝達もある。さまざまな情報がコミュニティ内で伝達されるが、口コミもまた多く、誤った情報がそのまま伝達されてしまうことがある。これは、情報へのアクセスまたは情報理解に課題を抱える構成員が多い場合に、真偽を確認する術が限られること、また、母文化では文書よりも口頭でのコミュニケーションが主流だった場合に生じやすい。その点では、ホスト・コミュニティからの働きかけやコミュニケーションが重要性を持ち、コミュニティ全体で誤った認識がなされないような配慮が必要である。

　前述のとおり、新規入国者や難民はコミュニティへの依存度が比較的高くなる可能性があるが、コミュティ内で濃密な人間関係が作られやすい分、個人の情報も伝わりやすく、その点を気遣う人も少なくない。難民にスティグマを持つ人や、すでにコミュニティの規範を遵守できていない人（例えば男性の庇護を受けずに暮らしているムスリム女性など）は、あえて距離を置くこともある。コミュニティは、相互監視的な機能も持ち合わせているためである。

　コミュニティとの関係性は個人の意思決定に大きく影響することがあるので、支援者はその点も理解しておく必要がある。日本で行われる外国人支援では、相談者が日本語をうまく話せない場合に他のメンバーが同行する場合がある。その際、日本人支援者側は、個人情報が安易にコミュニティ内で拡散されないよう相談者と同行者を区別し、相談者の了解を得ながら進めていく姿勢が欠かせない。相談者と同行者との間に力の非対称性があるときには、誰の意思決定なのかをつど確認しなければならない。

　一般に、コミュニティとは、個人と社会をつなぐ中間的な役割を持ち、自－共－公の中では「共」に該当する。人は何らかのコミュニティに所属しつつ世界とつながり、それは多層的であり、重層的でもある（広井 2014）。エ

スニック・コミュニティの場合には、コロナ禍で図らずも露見したように、相互扶助機能が強く、集団凝集性や相互依存性も一般の日本人コミュニティに比べて強いといえる。言語習慣などから分かりにくさもあるが、エスニック・コミュニティと地域社会との相互理解が十分でないと、「よく分からない人たち」として、コミュニティごと孤立してしまうリスクがある。かつてドイツでは、「移民がドイツ語を学ばず、ナショナルな空間の中に「平行社会」という形で移民社会を形成し、主流国民の統治が十分におよばない領域を生み出した」という主張が見られた[6]。都市部に限らず、日本全体で多くの移民コミュニティが生まれている現状で、事実上の移民受入れ後発国の日本では、他国に学び、分断が生じないような支援設計が望まれる。

(2) 難民の背景を持つ人びととコミュニティ

エスニック・コミュニティは、必ずしも難民だけで構成されているわけではない。コミュニケーション可能な人びとのネットワークであるとすれば、同じ言語を話す同族の人のコミュニティとなり、宗教を核とする場合には、モスクやハラルショップを中心にコミュニティが形成される。その中には難民の背景を持つ者と持たない者が混在している。同国人であっても民族や社会階層が異なることで別のコミュニティとなることもある。コミュニティ支援では難民だけに限定することは困難で、コミュニティ内の機能と関係性に着目しつつ、目的を達成できるように支援計画を立てる必要がある。

ISSJ が行うコミュニティ支援では、難民の背景を持つ人びとの孤立を防ぎ、生活者として地域社会に溶け込んでいけるよう支援することにフォーカスしている。また、その過程では個別支援の相談が、コミュニティあるいは当事者本人から寄せられることがある。その場合には個別の支援として展開し、個人とコミュニティとの関係性や文化、スティグマに配慮した支援を実施する。内容によっては、個人の置かれている状況がコミュニティに知られないよう、細心の注意と綿密な計画が求められる。

(3) 事例：コミュニティ支援としての日本語教室

　ISSJ では、2017年より女性のための日本語教室を開催している（写真）。主な学習者はムスリムの女性で、子育て期の母親が大半を占める。当初は群馬県内で開催し、その後広島県、千葉県に拡大したが、2022年は群馬県と千葉県の2か所でのみ実施した。

　そもそものきっかけは、その数年前より UNHCR と協力して各コミュニティを訪問し、ミーティングを開いていたことにある[7]。ISSJ はムスリムの女性や子どものグループと話す機会が複数回あり、群馬県にも何度か足を運んだ。その後もコミュニティとの関係を継続し、現在に至っている。

教室で日本語を学ぶムスリム女性

● ニーズの把握

　当初から、女性たちは移動の自由を確保するための自動車免許取得と、日本語学習という2つを主要ニーズとして訴えた。ISSJ は、社会福祉法人という性格上、どちらの要望にも直接応えることができないでいたが、文化庁の「生活者としての外国人」のための地域日本語教育事業をきっかけに、日本語学習のニーズに応じられるようになった。当法人は過去にインドシナ難民のための日本語教室を開催したことがあり、難民の言語習得事業を実施することは初めてではなかったが、背景が多分に異なるため、ゼロからのスタートには違いなかった。

　教室の詳細についてはここでは触れないが、コミュニティ支援としての教室のあり方について説明したい。なお、教室の開催にあたっては、各参加者が教室（主に公民館を利用）にアクセスするための移動手段を確保する必要が

あったが、免許のある人が他の学習者たちをまとめて送迎したり、家族の協力を得るなどにより、移動の自由というニーズについては自ら解消を図っていた。また、免許のない母親が教習所に通うときには小さな子どもがいることが障壁となるが、先に免許を取得した女性が他の女性の子どものケアを名乗り出て、順番に教習所に通う工夫をしていた。

● 参加の意思確認

　開催前には、具体的な設計について、当事者との意見交換会を複数回開催した。さらに個別に参加希望者と面談をし、現在の日本語レベルや日本語を使ってできるようになりたいことなどを確認した。話し合いを経て、教室の目的を、次のように設定した。①持続可能かつ効果的な日本語学習の場の確保、②孤立の防止、③日本語教室を通して地域住民との接触を増やすこと。

　もう1つ大事なプロセスは、家族の了解を得ることである。ムスリム女性が自律的に何かを行う場合、夫や父親の許可が必要になる。そのハードルの高低は家庭によって異なるが、途中で学習を断念することのないよう、ISSJから主催者としての目的や計画を家族に説明し、それぞれ了承を得た。さらには、コミュニティリーダーと目される数人にも説明して理解を求めた。

● 動機の発見

　女性たちが日本語を学びたい理由としては、「子どもの勉強（宿題）をみてあげたい」という動機が最も多かった。背景として、日本の学校が（主に母親に）求める家庭教育のプレッシャーがあったかもしれない。あるいは、毎日のように子どもが持ち帰る手紙類に困惑していた可能性も考えられる。さらには、学校に関するさまざまなことが子ども任せになり、自ら把握することが困難な状況に焦りを感じる、それによって母と子の関係性が逆転するようなことも考えられる。いずれにしても、彼女たちが直面する課題を克服するには、日本語力が必要であるという認識に達していた。この点は、筆者が知る限りでは、宗教や民族にかかわらず多くの移住者女性に共通する。日本語教室の参加者は、結果的に子育て期の女性が最も多く、結婚していてこ

れから母親となる女性も含まれた。

　ムスリム女性の場合、自らの役割認識として、結婚してからは夫の保護を受けて家事と育児に専念することが一般的に考えられる。しかし、日本社会では前述の通り、子どもの教育が母の役割として認識されているため、子どもが学齢期になると教育者としての役割と学校への協力（＝社会化）が強く求められる。全体的には父親の協力も意識されるようになってきてはいるが、小学校の保護者会やPTAの行事が完全に父親参加を目指して計画されているわけではない。学校との書面でのやり取りも頻繁にあり、母親に意思決定が求められることも少なくない。したがって、母親としての役割を期待通りにこなすには、社会との接点を避けて通ることはできない。移住者である母親たちも、この点は肌で感じていると言える。社会への参加は個人の意欲の表明であると同時に、学齢期の子を持つ母親にとっては社会からの要請になっている。

　このような動機と背景を意識して、カリキュラムでは覚えるだけではなく使うことも重視し、生活に直結するトピックを入れる、地域の人と直接話す機会を取り入れるなどの工夫を行った。

● 気づき

　開講後しばらくして気づいたことだが、女性たちの孤立は、想像している以上だった。エスニック・コミュニティでは濃密な人間関係が構築されやすいという認識だったが、当初は移動の自由の制約もあり、多くの女性たちは、平日は1人で家にいることが多いようだった。日本語教室ができたことで毎週決まった曜日・時間に同胞たちと話す機会が確保され、そのこと自体を大変喜んでいた。「孤立の防止」という目的は、始めは遠慮がちに設定されたものだったが、大きな副次的効果となった。

　ムスリムであることから、教師も生徒も全員同性（女性）であることが必須であるように思われがちである。もちろん、当初そうした要望があり、参加の支障を取り除くように設計したが、教室を運営して感じることは、彼女たちとその家族にとって重要なことは「女性」のみに参加を限定することで

はなく、「心理的安全の確保」ではないかということである。教室参加者には少なからず他の教室に通っていた人もいたが、続けられなかった理由の1つとして、学習者が頻繁に入れ代わり、誰か分からない人と同じ空間を共有することの居心地の悪さがあげられた。ムスリム家族にとって、教師や医師など職務のある人が男性であることは、それほど受け入れがたいことではない。しかし、宗教や民族が異なり、同じ規範を持たないかもしれない男性が出入りする（クラスメートが次々変わる）教室で、予測不能なことが起こりうる状態に、家族も本人も安心安全を感じられないようだった。

● 変化

　日本語を学ぶことで、彼女たちにはいくつかの変化が見られた。まず、日本語の理解やスキルが少しずつ向上することで、手紙の内容の把握、書類の記入、病院での医師による説明の理解向上などが報告された。日本語での運転免許取得に挑戦した女性もいた。これらは、実質的な日本語運用能力の向上を示すだけではなく、女性たちに自信を与えた。「できた」という感覚を得られたことが、自己効力感につながったと見られる。次第に、おそるおそるPTAの活動を始めた人やパートタイムで就労する者も現れ、そのようなライフスタイルは彼女たちのムスリム・コミュニティの中で必ずしも特異なものではなくなっているように見られる。まだ挑戦はできていないが、PTAをやってみたい、働きたいという声もよく聞かれる。

　妻や母親が家計を助けることについて、コミュニティからは規範逸脱のような意見は聞かれず、一定程度肯定的に受け止められているようだ。筆者が聞く限りでは、同じ民族であっても、新しく来るムスリムの人たちは女性の就労を受け入れがたいと思う人が多いようであり、対照的でもある。この違いは、日本語教室を展開しているコミュニティが形成されてから30年以上が経過しており、長い年月をかけて、コミュニティの持つ規範や価値もホスト社会との相互作用によって変容していったからではないかと推測される。

（4）　コミュニティソーシャルワーク

　振り返ってみると、教室のニーズの把握から立ち上げまでの手法は多分にソーシャルワーク的であった。当事者からの声を聞き、個人のニーズをコミュニティ全体に関わるニーズとして普遍化し、当事者の声とコミュニティの声を反映して教室を作り、合意と承認に基づいて運営する。この過程を通じて当事者の主体性を引き出し、積極的な関与を維持している。ここに見られる双方向性は国際開発などでも採用されているが、コミュニティソーシャルワークのプロセスでもある。

　コミュニティソーシャルワークでは、カウンセリングやケアという個別支援にとどまらず、将来の同様なニーズの発生を予防するために社会化（脱個別化）する志向に力点が置かれる。個々の自立支援を担いながらもそれに留まらず、生活基盤の整備に向けた地域資源の活用や開拓、社会関係の調整と改善に向けた啓発・教育、市民の組織化、地域における総合的サポートシステムの構築などを行う実践として捉えられている[8]。

　ISSJの教室では、開講後も引き続き当事者の声や教師がキャッチした生活課題をカリキュラムや運営に反映させるように心がけ、小さな工夫と改善を続けている。

（5）　コミュニティから外部へ

　日本語教室を開始してから形を変えながらも5年以上が経過し、ずっと通い続けている参加者もいる。最初の予想に反して出席率・継続率は常に高い状態が続いており、彼女たちの参加意欲を維持できていると捉えている。一方で、この教室が想定するレベルに達した学習者にどのように卒業してもらうのか、出口戦略はまだ模索中である。語学の勉強には終わりがなく、自らのニーズに合わせた自律的学習が必要になることも、また、学んでもらう必要がある。

　近年、学習者は学びを生かして少しずつ地域社会に出ている様子を見せ、

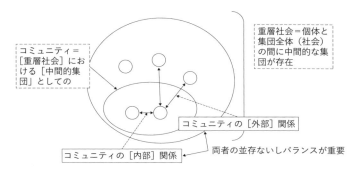

図9-2　コミュニティをめぐる構造─コミュニティは常にその「外部」を持つ[9]

閉じた学習には留まっていないことを示している。コミュニティは、同質的な集団として内側に閉じるような集団になりがちだが、それを他者に向かって開いていく必要がある（広井 2017）（図9-2）。

　広井（2014）は、人間の社会は最初から個体ないし個人が「社会（集団全体）に結びつくのではなく、その間に中間的な集団を持つという。したがって、個体の側から見れば、それはその中間的な集団「内部」の関係と、「外部」の社会との関係という、2つの基本的な関係性を持つ[10]。この図を参考にすると、「日本語」というツールは学習者が外部につながる回路をひらいたことになり、全体として、コミュニティが外に向かって開かれたものにする一助になっていると言えるのではないだろうか。

　実際には、中間的存在としてのコミュニティは地域の中に、または地域を超えて数多くあり、部分的に重なることもある。エスニック・コミュニティを含め、それらが互いに排除することなく、外部回路でつながっていくことが重要である。

3　社会統合、社会的包摂

　地域定住を経て、難民は社会に統合されるものと考えられている。社会統

合とは、移住者と受入れ社会の双方が、互いの価値、アイデンティティ、多様性を尊重し、その存在を認め合い、相互に適応していく過程である。難民の社会統合とは双方向のプロセスであり、一方による適応と他方による歓迎を前提とする。しかし、難民が文化的アイデンティティを放棄することを求められるわけではないことから、同化とは異なる概念とされている（UNHCR 2005）。

　社会統合と似た用語に、社会的包摂がある。社会的包摂は、社会的排除と対をなす言葉で、1980年から90年代にヨーロッパで普及した。グローバリゼーションとポスト工業社会の進行の下で失業や貧困、若者の逸脱行為がヨーロッパ諸国で深刻化し、社会的排除と社会的包摂は対語として次第に政策のキーコンセプトとなっていった（中村 2002）。日本でも2000年代に入って社会的排除への取り組みが本格化し、2011年1月に社会的包摂戦略（仮称）策定に向けて、「一人ひとりを包摂する社会」特命チームが政府内に設置された。政権交代によってその動きは止まったが、排除と包摂という言葉は社会に定着し、SDGsや地域づくりの文脈で使用されている。

　統合と包摂は一見似ているものの、そのアプローチは大きく異なる。難民および移民の社会統合は政策によって実現するものであり、双方向性を持つとはいえ、その程度、対象、重点分野などは受入れ国政府によって決定される。統合指標の例として、移民統合政策指数（Migrant Integration Policy Index: MIPEX）2020年版を見ると、労働市場、家族統合、教育、保健医療、政治参加、永住許可、国籍取得、差別禁止の8分野で国別に評価されている。この中で日本のランキングは56か国中37位で、「統合なき受入れ（Immgraiotn without integration）」にカテゴライズされている[11]。

　一方、社会的包摂は、個人の状況（個別性）を見るものであり、社会的参加の確保を目指す。先にICFにおける参加について説明したが、社会的参加はこの一部と考えられる。岩田（2010）によれば、現代の社会は、開放的で世界の隅々にまで広げられた、知らない者同士の関係の網の目であると同時に、相対的に閉鎖的な特定範囲の人びとや地域の集合体でもある。社会へ参加するとは、こうした複雑な関係の網の目の中で、その人らしく生きていく

ために、必要な関係を選び取って、その網の目の中に入り込んでいくことであり、またそれを変更していく行為でもある[12]。

　本章の事例で示したとおり、日本語教室への参加から、学習者たち（難民の背景を持つムスリム女性を中心とする）は日本語を習得することで、少しずつ社会参加に挑戦するようになった。夫に頼らずに子どもを病院に連れていくことや行政サービスの利用は既存システム・制度への参加であり、PTAなどを通じての地域社会での役割遂行、また、労働市場への参加も見られた。これらは、日本語の習得によって達成されたものであるが、彼女たちの主体性や内発的動機を引き出したのは、ソーシャルワーク的アプローチ（コミュニティソーシャルワーク）にあったと見ることもできる。

　移民国家ではないという自己認識を持つ日本が、移民政策を取らないことを標榜する限りでは、難民移民のための統合政策が打ち出される可能性は極めて低いと思われるが、難民移民の社会的包摂は支援者のアプローチや地域福祉の中で実現していく可能性がある。日本が統合という政策目標を持たずに包摂の方に進むとすれば、政策的な難民受入れを行っている他の先進国に比べ、ますます特異なところに位置することになるだろう。だが、社会的包摂は市民社会ができることを示唆し、今後、ウクライナ避難民の受入れを通じて強化されるかもしれない。

おわりに

　ここでは、難民の地域定住から社会的包摂に至る過程について、日本語教室という事例から理解を試みた。ただし、エスニック・コミュニティの性質や機能は、構成員および集住型である場合にはその地域によって違いがある。何を中心とするコミュニティであるかによっても異なり、また、時とともに変化するものである。エスニック・コミュニティはホスト国（日本）のコミュニティとは明らかに異なる性質を持つため、それらを同列に扱うことは危険である。しかしながら、エスニック・コミュニティも他のホスト・コミュニティと同様に地域に取り込み、その構成員に社会参加を促していく試みは

現在の政策でも十分に可能であり、すでに実施している地域もある。その中では、一人ひとりがおかれた状況と社会参加への眼差しをもつ、包摂の視点が改めて問われることになるだろう。

■注

1) 本国情勢を踏まえた在留ミャンマー人への緊急避難措置により在留資格を付与されること。
2) 敷田麻実（2019）「よそ者の地域定住者への変容に関する考察（改訂版）」『知識共創』Vol9，20頁
3) 公益財団笹川平和財団（2016）「難民の地域定住支援ガイドブック」26頁
4) 世界保健機関（WHO）（2002）「ICF国際生活機能分類——国際障害分類改訂版（日本語版）」4. ICF構成の外観，8頁
5) 牧園清子（2009）「福祉政策における『自立』概念の研究」『松山大学論集』第21巻第1号，234頁
6) 昔農英明（2014）『「移民国家ドイツ」の難民庇護政策』慶應義塾大学出版会，142頁
7) UNHCRによる年齢・ジェンダー・多様性主流化（Age Gender Diversity Mainstreaming / AGDM）戦略，「AGDM参加型合同調査結果レポート2012年」を参照のこと。
8) 特定非営利活動法人日本地域福祉研究所（2005）「コミュニティソーシャルワークの理論」第2章 コミュニティソーシャルワークの概念
9) 広井良典（2014）『コミュニティを問いなおす——つながり・都市・日本社会の未来』28頁，図4を一部改変。
10) 前掲書，25頁
11) 国ごとの詳細は"Migrant Integration Policy Index 2020", JAPANの項（150–152頁）を参照のこと。
12) 岩田正美（2010）『社会的排除——参加の欠如・不確かな帰属』有斐閣，182頁

■文献

麻野篤（2021）「外国人住民の社会統合・包摂にかかる自治体施策と国際協力の実践知」『自治体学』Vol.34-2，52–55頁
岩田正美（2010）『社会的排除——参加の欠如・不確かな帰属』有斐閣
公益財団笹川平和財団（2016）「よりよい難民受入れにむけて——難民の地域定住支援ガイドブック」
厚生労働省（2011）「社会的包摂政策を進めるための基本的考え方」（社会的包摂戦略（仮称）策定に向けた基本方針）」「一人ひとりを包摂する社会」特命チーム
駒井洋監修（2020）『移民・ディアスポラ研究9　変容する移民コミュニティ——時間・空間・階層』明石書店
小向佳奈子・藤本修平・杉田翔・光武誠吾・輪違弘樹・小林資英（2017）「リハビリテーション分野における社会参加の定義と評価指標——定性的システマティックレビ

ュー」『理学療法科学』第 32 巻第 5 号，683–693 頁

近藤敦（2019）『多文化共生と人権――諸外国の「移民」と日本の「外国人」』明石書店

齋藤立滋（2017）「日本における社会的排除の研究――現状と課題」『政策科学』24-3，35–43 頁，立命館大学政策科学会

敷田麻実（2019）「よそ者の地域定住者への変容に関する考察（改訂版）」『知識共創』Vol.9，Ⅲ 4-1 ～ 4/10 頁

世界保健機関（WHO）（2002）「ICF 国際生活機能分類――国際障害分類改定版（日本語版）」中央法規出版

昔農秀明（2014）『「移民国家ドイツ」の難民庇護政策』慶應義塾大学出版会

特定非営利活動法人日本地域福祉研究所（2005）「コミュニティソーシャルワークの理論」

中村健吾（2002）「EU における『社会的排除』への取り組み」『海外社会保障研究』141 号

広井良典（2014）『コミュニティを問いなおす――つながり・都市・日本社会の未来』ちくま新書

広井良典編著（2017）『福祉の哲学とは何か――ポスト成長時代の幸福・価値・社会構想』ミネルヴァ書房

福原宏幸（2006）「社会的包摂政策を推進する欧州連合――そのプロセスと課題」『生活経済政策』115，14–17 頁

牧園清子（2009）「福祉政策における『自立』概念の研究」『松山大学論集』第 21 巻第 1 号，211–236 頁

Solano, Giacomo & Huddleston, Thomas（2020）Migrant Integration Policy Index 2020 Barcelona/ Brussels: CIDOB and MPG

UHNCR（2005）Conclusion on Local Integration No.104（LVI）– 2005 Executive Commitee 56th session. Contained in United Nations General Assembly document A/AC.96/1021

共 感 と 理 解 の 輪 を 広 げ る 難 民 映 画 祭

天沼耕平（国連UNHCR協会）

■難民映画祭とは

　2022年、戦争や迫害などで住み慣れた故郷から逃れることを余儀なく
された人々が1億人を突破した。この約10年で増え続け、2倍以上にも膨
れ上がっているその数は、ただの数字ではない。一人ひとりが想像を絶す
る困難を乗り越え、家族を守り、明日が約束されない状況でも生き抜き、
未来を切り拓いていく。まさにその魂と人生の数である。そして、「難民」
となった人たちにも、私たちと同じように愛する家族や友人、大切な人生
がある。

　「難民映画祭」は、彼らの姿を追ったドキュメンタリーやドラマ等の作
品を集め、映画を通じて難民問題への理解を深め、共感を広げる取り組み
である。この取り組みは、2006年に始まり毎年開催されている。2019年
から2021年には、難民が困難を乗り越えようとする力強さをより社会に
伝えるためにコンセプトを再定義し、「UNHCR WILL2LIVE Cinema」と
して開催された。コロナ禍においてはオンライン化にも着手し、全国どこ
からでも視聴いただけるよう工夫を重ね、2022年にその名称を「難民映
画祭」に戻して活動を継続している。

　これまでに世界各地から集めた約250作品を上映し、10万人以上が参加。
多くの感動を生んでいる。そしてこの取り組みは、さまざまな企業、団体、
教育機関、個人の方々の温かいご協力によって支えられていることを忘れ
てはならない。

■感動を生む作品群

　私もこの仕事に携わるようになってから、多くの作品を観てきた。複数

回観たものも多くあるが、そのたびに深く考えさせられる。ときには、しばらくふさぎ込むこともある。そしてその経験と心の動きをエネルギーに、また職務に向かう。

　ところで、多くの人たちがこの映画祭をきっかけにアクションを起こす姿にも立ち会ってきた。ある人は寄付を始め、ある人は学生団体を立ち上げ、ある人は後述の「難民映画祭パートナーズ」の取り組みによって、新たな感動を生むために奮闘している。企業や団体で独自の難民支援に取り組むことができないか考えてくださる人たちもいる。

　さて、これまでに観た作品の中で、心に残った作品を選ぶのはとても難しい。あえてあげるならば、1つ目は『戦火のランナー』。この映画の主人公であるスーダン内戦の暴力から走って逃がれたグオル・マリアルは、2012年のロンドン五輪で祖国の期待を背負って完走した。「難民選手団」の先駆けのような存在である彼が、不屈の精神で走りぬく人生、そして家族との再会のシーンには感動が止まらなかった。

　数多くのドキュメンタリーがラインナップされている中で、『地中海のライフガードたち』はシリア難民を救出しようと奮闘するスペイン人ライフガードたちの姿を描く実話に基づくドラマであり、『マイスモールランド』もクルド人の女子高校生サーリャを主人公に描いた、多くの人が知らないであろう"日本の今"を映し出した映画である。「素晴らしい作品だった」で終わらないこの3つの作品を観たときに、多くの人が日本において、"一人の人間として"何ができるかということに真剣に向き合うのではないだろうか。

■「難民映画祭パートナーズ」と今後の展望

　「難民映画祭」の過去上映作品等の自主上映会を行うことで、難民問題への理解と共感を広げる「難民映画祭パートナーズ」という取り組みがある。これは2015年に開始され、大学や高校、団体や企業の皆様の力で

年々広がっている。

　その形式は多岐にわたる。教育現場においては、大学生や高校生が中心になって広報から開催までを行うところが多く、アクティブラーニングとして非常に有効である。また、映画の上映に加えて、特別ゲストの講演やパネルディスカッション、学生によるその他の取り組みとのコラボレーションによって、深みのある活動につながっている。

　国際情勢が目まぐるしく動く昨今において、難民問題への理解が広がることは、日本の社会において急務である。ぜひ「難民映画祭パートナーズ」の輪がさらに広がることを期待したい。

＊「難民映画祭」についてくわしくはこちら　⇒

難民と共に
生きる社会へ

森　恭子

1 難民の生きづらさと見えづらさ

（1）難民も十人十色、さまざまである

　ここまで本書を読みすすめてきて、あなたの難民のイメージは変わっただろうか。一口に難民といっても多様な人たちである。国や民族のみならず、文化・習慣・宗教、そして年齢、性別、家族構成、学歴・職歴、さらにはその人の趣味嗜好や考え方も違う。もちろんこれは難民に限ったことではない。私たちの社会はそもそも多様な人たちで構成されている。最近はダイバーシティ（多様性）への関心が高まっているが、これは社会の中で多様な背景を持つ人たちを尊重し受け入れることが、新たな社会の発展につながることを示唆する肯定的な意味で使われることが多い。

　第Ⅱ部でみたように、それぞれの難民の人たちの生活経験もさまざまであった。日本でたくさんの壁（**序章参照**）にぶつかりながらも、サバイバルしている難民たちを「よく生きているなあ」と驚いた人もいるかもしれない。日本の中で「こんなことが起こっているのか」と日本社会に対して憤りを感じた人もいるかもしれない。なお、断っておくが、本書は難民の支援がテーマなので、ここで取り上げた事例は、生活に困っていたり、人権が脅かされている人たちが中心となっている（**第4章参照**）。

　もちろん苦しんでいる人たちの一方で、日本で暮らす難民の中には、日本で難民認定され適切な支援を受けて、日本政府に感謝している人たちも少なからずいる。筆者の知っている在日難民の中には、一生懸命働き自立して一戸建てを購入した人もいる。日本のアニメに関心があり、早々に難民認定された人は、日本が受け入れてくれたことを喜び、日本社会に貢献したい気持ちでいっぱいである[1]。ただし、難民および難民申請者（以下、難民・申請者）数の割合からすると、夢や希望を持って生活している難民は決して多いとはいえない。本書の事例は氷山の一角であり、大多数は「生きづらさ」を抱えて何とか生きていると思われる。

　彼らの「生きづらさ」の最も大きな要因は、在留資格の問題である。本書の事例で明らかなように、在留資格がないことは、日本に存在しているにもかかわらず、「いない人」、まるで透明人間のように扱われる。住民票もなく医療保険に加入できないなど人間としての尊厳を奪われ、社会的な権利（社会権）も行使できない。そして、もう1つの主な要因は、就労の問題である。仮に在留資格が与えられたとしても、働くことができなければ、自立した生活を営むことができない。仕事で収入を得て生活をすることが常態である現代社会において、仕事を禁じられれば、どのように生きていけばよいのだろうか。就労資格のない難民が、経済的に依存せず、自活していくためには、やむを得ず違法的な手段をとらざるを得ないこともある（**第5章**参照）。日本社会の見えない闇の部分（ダークサイド）に追い込まれている難民たちがいることを私たちは十分に理解する必要がある。

(2) 難民の子ども・若者たち──彼らに未来はあるのか

　難民の中でもさらに見えにくいのは難民の子ども・若者たちである。非正規滞在となっている難民申請者の中には、実際、日本の小・中・高等学校に通っている子どもたちもいる。しかし、義務教育終了後や高等学校卒業後に「大学に進学したい」「就職したい」「教師になりたい」「エンジニアになりたい」等の夢や希望が断たれてしまう。学校を卒業しても何もすることなく、ひきこもってしまったり、将来に対して不安を抱きながら、いつ収容されたり送還されるかもしれない恐怖とともに生きている。未来ある子どもたちの教育を受ける権利や就職する機会が奪われている。このことは、社会参加する機会も奪い、そして何よりも自分らしく生きる、自己実現する道が閉ざされてしまうことになる。

　近年、日本のクルド難民の若者にフォーカスした映画が注目を集めている。たとえば映画『マイスモールランド』（2022年）は、幼い頃から日本で育ってきた17歳のクルド人女子高校生が、在留資格を失われることによって、彼女の日常生活が一変してしまうストーリである。また映画『東京クルド』

（2021年）は、難民申請中の仮放免許可書を持つクルド人の若者とその家族の苦悩を描いたドキュメンタリー映画である。この映画は、市民レベルに難民問題への関心を持ってもらうために自主上映を推進し、草の根からのソーシャル・アクション（社会変革）を目指している。いずれの映画も在留資格をめぐる若者・家族の生きづらさが描かれている。

　クルド難民は「国家を持たない世界最大の民族」と呼ばれ、日本には1990年代にトルコ政府からの迫害を恐れたクルド人が大勢来日した。とくに埼玉県南部を中心に約2000人以上集住しているといわれる。日本で生まれたり、もしくは幼い頃に来日し、日本で暮らし成長したクルド難民2世も多い。しかし、ほとんどは難民認定されることはない。

　在日クルド難民の問題が注目されたのは、2004年の東京・青山の国連大学前での抗議の座り込み事件である。幼い子どもを含むクルド難民2家族が72日間、座り込みを行い、日本のメディアで比較的大きく取り上げられ話題となった。一般市民の中にも彼らを応援する人たちもあらわれ、食料品や物資等が座り込み現場に届けられた。しかし、結局、家族の一部が強制送還されたり、他国で難民として受け入れられ日本を出国することになったりして、家族全員が安心・安全に日本で住み続けたいという彼らの希望は叶わなかった。

　日本は児童の権利に関する条約（子どもの権利条約）に批准（1994年）しているが、在日難民、とくに申請中の子どもたちを考えるとそれが十分に機能しているとはいえない。条約は子どもの国籍を問わず、すべての子どもたちの最善の利益を守ることを目的としている。その第22条には、難民認定された子どもと同様に難民の地位を求めている子どもについても、締約国が適切な保護及び人道的な援助を与えるよう確保することが定められている。また第9条は、児童がその父母の意思に反してその父母から分離されないことを確保するとし、親子分離を禁じている。しかし、難民申請中で親が収容・強制送還され、子どもと離れ離れになるケースも少なくない。このような事態に対して弁護士団体、支援団体、福祉の専門職団体[2)] などが抗議している。

　国際情勢に翻弄され、日本に避難し、日本社会で生きるしかなくなったす

べての子どもたちが、安心・安全に暮らし、彼らの子どもとしての権利が守られ、将来に夢や希望が抱けるような日本社会であってほしい。

2　ウクライナ避難民支援から私たちは何を学ぶか

(1)　日本社会のウクライナ避難民支援

　2022年2月のロシアのウクライナ侵攻によって、世界中のメディアが連日のようにウクライナ戦争の惨劇を伝えた。ウクライナ人に同情や共感が集まり、彼らを「助けたい」「支援したい」という衝動にかられた人びとは数知れない。ウクライナの人道危機に対して周辺諸国等は避難してくる人たちを積極的に受け入れたが、日本も例外ではなかった。日本政府は、同年3月にはウクライナ避難民の受入れを表明し、4月には政府専用機にて避難民20人を受け入れた。そして、ウクライナ人については、通常の難民認定制度の手続き（第2章参照）をとることなく、「避難民」と呼び（第6章参照）、「特定活動（1年）」という滞在資格を与え、働くことを許可した[3]。さらに政府はウクライナ支援相談窓口や専用ホームページを開設し、地方公共団体、企業、民間団体に支援を呼びかけ、ウクライナ避難民の支援に積極的に取り組んだ[4]。

　支援は日本国中に広がり、いわゆる「ウクライナ現象」を招いたといえる。政府から市民社会に至るまで、さまざまなアクター（行為者）が支援に係わり、渡航、食料・物資支援、住居、日本語教育、就労支援、生活支援を提供した。例えば以下のとおりである。

①日本政府：渡航支援、一時滞在施設の提供、滞在費など支給、親族や知人などの身元引受人がいない人には、生活費を支給（12歳以上2400円／1日、11歳まで1200円／1日）、難民事業本部（RHQ）が身寄りのない避難民の支援を行う。

②地方公共団体：独自に相談窓口の開設、公営住宅の提供、生活費の補填や

生活支援などを行う。

③企業：多額の寄付を募る、雇用を提供する。

④民間非営利団体：今まで難民支援をしたことがない団体が支援に参入。コロナ禍で海外支援活動が難しくなった団体や欧州諸国とつながりのある団体等がウクライナ人の渡航支援や生活支援に取り組む。

⑤日本語学校：学費免除や支援、教材費免除や生活支援等を行う。

⑥大学：留学生として学費免除で受け入れる。

⑦市民社会：寄付、チャリティ・コンサートやイベント、難民の講座・セミナーが行われる。

その他、公益財団法人日本財団は、国内外のウクライナ避難民支援に早々と取り組み、渡航費や生活費等の支援、日本語学校に通う奨学金の支給、ウクライナ避難民へ支援を行う非営利団体への助成、隣国へ避難する障害者およびその家族への支援、日本人学生ボランティアの派遣など大規模な支援を行った⁵⁾。

なお、今まで難民支援に興味を持つ福祉関係者は少なかったが、社会福祉法人や福祉施設によるウクライナ避難民支援、そして福祉関係者向けの難民講座やセミナーも開かれるようになった⁶⁾。また、筆者は大学で「国際社会福祉論」や「多文化ソーシャルワーク論」を教えているが、2022年度の受講生の数は前年に比べかなり増加した。日本中の注目を集めた「ウクライナ現象」は、今まで難民とは縁遠かった大勢の日本人に難民問題を知る機会を与え、何らかの行動を促すきっかけになったといえよう。

(2) ウクライナ避難民支援の課題

ウクライナ以外の在日難民・申請者の支援と比べると、優遇されているウクライナ避難民であるが、それでも支援の課題は少なくない。ウクライナ避難民の場合、大多数の男性が出国できないため、避難民の約7割以上が女性で、単身またその子どもや高齢の親を伴なっていることが特徴である（2023年6月7日現在：2448人避難民のうち女性1781人）。いわゆる福祉的ニーズの高

いグループであり、とくに女性（ジェンダー）の視点からの支援に留意しなければならない。

　ここでは、難民の特性を踏まえた主な課題を2つ取り上げたい。

　1つはメンタルヘルスの問題、とくに戦争体験によるトラウマ（心の傷）への対応である。戦争の惨劇を目の当たりにした衝撃、祖国や大切なものが破壊される絶望や悲しみ、いつ頭上に爆弾が落とされるかもしれない恐怖、家族や親しい人を失った喪失感、戦場で戦っている家族や恋人の安否を心配する気持ち、残してきた高齢の家族への憂慮、自分だけ逃げてしまった罪悪感など、さまざまな思いが錯綜していることであろう。日本に逃れてきたとしても、彼らの精神的苦痛は計り知れず、心穏やかに日常生活を過ごせるわけではない。さらに日本での新しい環境に馴染めるかどうか、異なる言語・文化・習慣の違いから生じるストレスの問題もある。

　ウクライナ避難民に対してウクライナ出身の心理士が対応している例もみられるが[7]、日本では難民特有のメンタルヘルスに十分に対応できる機関はほとんどない。難民に限らず在日外国人に対するメンタルヘルスを扱う機関や専門職については、一部の精神科医や心理士が取り組んでいるものの、それほど多くないのが現状である[8]。移民や難民を多く受け入れている諸外国では、難民専門のトラウマ機関も充実している。例えば、豪州のニューサウスウェールズ州では、州立の難民専門機関（Service for the Treatment and Rehabilitation of Torture and Trauma Survivors：拷問とトラウマの生存者の治療とリハビリテーションのためのサービス）があり、ここでは心理的な側面のみならず、社会的な面等も含めた難民への包括的な支援が、さまざまな専門職（精神科医、心理職、理学療法士、はり師、栄養士、ソーシャルワーカーなど）との協働で行われている（森 2022）。難民支援ではトラウマは避けては通れない深刻な問題である。ウクライナ避難民を含めた在日難民・難民申請者へのメンタルヘルス問題は喫緊の課題である（第8章参照）。

　もう1つは、戦争が長期化した場合の支援である。すでに本書を執筆している時点でウクライナ戦争は1年経過している。仮に戦争がまもなく終結したとしても、壊滅的な街も多く復興にかなりの時間を費やすかもしれない。

最初は勢いよく支援に乗り出したアクターたちが、いつまで支援を継続できるかが問われてくる。すでに援助疲れの声も聞かれ、ウクライナ避難民を「難民貴族」と呼ぶような批判めいた発言もみられるようになった[9]。

ウクライナ避難民の大多数は、戦争が長期化することを想定せず、終結すれば直ちに帰国することを願っていたにちがいない。しかし、1988年の軍事クーデターで日本に逃れたミャンマー難民たちも、祖国の政情が安定したらすぐに帰国する予定だったが、帰国できずに日本にそのまま定住した人も多い（コラム❷参照）。ウクライナ国の情勢およびそれぞれの人たちの背景や状況を考慮しながら、日本での中長期的滞在を視野に入れた支援方法を検討していく必要がある。

大規模災害の支援では、被災者への緊急支援・保護の段階が一段落すると、次に生活再建に向けた自立支援への段階へと進んでいく。同様にウクライナ避難民についても、日本で職業的・経済的自立を考え、自活できるような支援が必要となる。そのためには、十分な日本語学習と就労支援は不可欠といえよう。ウクライナ避難民の祖国で培った職業スキルや知識などのキャリアが継続されるように、またその人がもつストレングス（第7章参照）を活かし日本での就職に結びつけていく支援が望まれる。もしくは、新たなキャリアをつくるために職業訓練を受ける機会を提供することも必要になってくるかもしれない。日本語の壁があり、とくに就労につながる支援は難しいため、語学プラス就労を一体的に学ぶ仕組みや企業との連携は重要となってくるだろう。

(3) 在日難民・申請者への包括的な地域定住支援に向けて

日本では難民の数は諸外国に比べ圧倒的に少なく、難民と出会わない人のほうが大半であろう。しかし、メディアを通してウクライナやロシアなど国際的情勢や日本に住むウクライナ避難民を目にする機会が増え、難民問題が世間の身近な話題になってきた。前述のとおり、ウクライナ避難民の支援は、行政、企業、民間支援団体、市民社会等から手厚いサポートが行われている。

本書を通じて明らかなように「ウクライナ現象」が起こるまでは、日本の難民支援のアクターは、政府（主にRHQ）（**第2章**参照）と少数の民間非営利支援団体（宗教系、福祉系を含む）、および難民当事者等の互助組織（エスニック・グループ）が中心であった。しかし、ウクライナ避難民の支援の輪は、地方自治体、企業、市民社会に至るまで広がった。ただ残念なことに、企業の中には「ウクライナ人は採用するが、他の国の人はしない」という声もよく聞かれる。今まで前例がなかった「チーム・ジャパン」的なウクライナ支援の輪を「ウクライナ人限定」にせず、既存の在日難民・申請者まで拡大し、難民支援のスタンダードになっていくことが望ましい。祖国を離れざるを得なかった境遇において、ウクライナ人であろうと他国の出身者であろうと変わりはない。

　それぞれの地域でさまざまなウクライナ支援が行われているが、神奈川県横浜市は、先駆的な取組みをしている[10]。地方公共団体の中でもいち早く「避難民支援相談窓口」を市内12か所に開設し（2022年3月）、庁内の関係局のメンバーで構成される「横浜市ウクライナ避難民等支援対策チーム」を立ち上げ、同年4月には横浜市独自の公民連携による支援メニュー「オール横浜支援パッケージ」（以下、支援パッケージ）を開始した。この支援パッケージは入国の段階から中長期的な支援も視野に入れた内容となっている。その内容は、①一時滞在施設提供、②生活スタート支援、③医療サービス、④生活に係わる費用、⑤住居・家具・家電、⑥日常生活の支援、⑦就学・日本語支援、⑧ウクライナ交流カフェ、となっている。なお、メンタルヘルスについては、相談窓口にウクライナ人心理士を配置している。またウクライナ交流カフェ（⑧）は、ウクライナ人同士が母国語で交流する場であり、精神的な苦痛を和らげ、安心して過ごせる居場所にもなっているという[11]。

　もともと横浜市はウクライナのオデーサ市と姉妹都市関係にあり、ウクライナ住民が比較的多かったことで、このように迅速に対応できたかもしれない。また、同市は歴史的にも海外との関係が深く、市には「国際局」が設置され、多文化共生まちづくりを推進しているなど国際色豊かな街である。市民に国際感覚の素地があり、市民の国際協力も得やすいことも影響している

だろう。

　横浜市の支援パッケージのように、難民の受入れから自立に至る時間的プロセスを意識した支援、そして公民連携といった行政・企業・民間支援団体・市民など多くのアクターが支援に関わり共生社会づくりを目指す支援スタイルは、既存の在日難民・申請者の支援にも有効な支援方法である。さまざまなアクターが関わる支援は、コレクティブ・インパクト——すなわち立場の異なる組織（行政、企業、NPO、財団、有志団体等）が組織の壁を超えてお互いの強みを出し合い社会的課題の解決を目指すアプローチ——といわれるが、新規移住者の定住支援において注目されている手法である（森2021）。

　今まで日本はインドシナ難民の受入れ以来、政府（主にRHQ）を中心に定住支援プログラム（日本語教育、生活ガイダンス、就労支援等）を提供してきた。現在、条約難民・第三国定住難民に同プログラムが提供されているが、政府を中心とした中央集権型の支援スタイルといえる。しかし、今回のウクライナ避難民支援では、日本各地に避難民が散在し、それぞれの地方公共団体が試行錯誤しながら対応することになった。難民が住む身近な地域のほうがニーズに迅速に対応しやすく、難民に寄り添ったきめ細かい支援が可能となる。また難民が地域社会のへの参加を通して自分の役割を発揮することもできるだろう。他方で地域住民が難民と出会うことも多くなり、難民との接触を通して難民への理解が深まることも期待される。大量に難民を受け入れている国では難民を地方に分散させたり（**第3章**参照）、地方圏での難民受入れ・定着を戦略的にすすめている（Stump 2019）。また最近は、日本でも地域創生・地域活性化の施策の中で、地方での外国人人材の積極的な受入れが推奨されている[12]。地域で難民・申請者を受入れ、援助することを社会的負担と捉えるのではなく、人材育成という観点から、将来的には彼らが地域社会に貢献し利益をもたらすという発想も必要である。

　第Ⅲ部を中心に難民への支援方法やソーシャルワークをみてきたが、今後は難民の地域定住支援（**第9章**参照）がますます重要となってくる。ウクライナ避難民支援の経験を踏まえながら、地方公共団体がイニシアチブを発揮し、在日難民・申請者に対して受入れから定住・社会統合までの時間的プロ

セスを念頭におき、(図終-1)、コレクティブ・インパクトとの観点から、ミクロ・メゾ・マクロのアプローチ (図終-2) を展開していくことが望まれる。

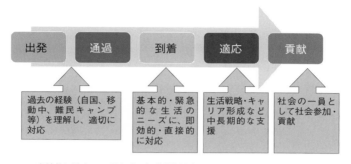

＊直線的に進むのではなく、紆余曲折を経ていく長期的・複雑な過程

図終-1　定住・社会統合への支援

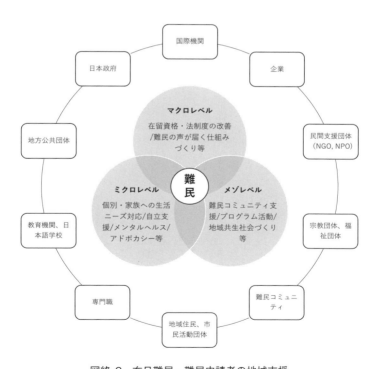

図終-2　在日難民・難民申請者の地域支援

3 難民との共生、そして国際社会との共生

（1）難民、外国人の受入れ・共生施策

　在日難民・難民申請者が生きづらさを感じている一方で、日本は外国人人材の受入れ拡大やそれにともなう外国人との共生施策の整備が進んでいる。日本は、バブル期の人手不足の解消のため、1990年の出入国管理及び難民認定法（以下、入管難民法）を改正し、それ以来、日系南米人や技能実習生を実質的には労働者として受け入れてきた。しかし、労働者として受け入れたにすぎず、日本社会で生活する住民とみる視点に欠け、国レベルでは定住支援や共生などの対応策を十分にとってこなかった。

　しかし東京オリンピック（2021年実施）を前に、日本政府は大きく外国人施策を転換することになる。2018年に入管難民法を大幅に改正し、新しい在留資格「特定技能」を設け、国内の労働力不足の職域に外国人人材を活用することを決定し、2019年4月から受入れを開始した。

　同時に、彼らを労働者として受け入れ、それで終わりではなく、日本社会の一員として捉え、彼らとの共生社会を目指す方針を定めた。改正入管難民法とともに政府は2018年12月に「外国人材の受入れ・共生のための総合的対応策」（以下、総合的対応策）を打ち出し、各省庁一丸となって、外国人人材の受入れ・共生のための体制整備を進めることになった。この総合的対応策の基本的な考え方の中には、以下のような一文がある。

> 政府としては、<u>条約難民や第三国定住難民を含め</u>、在留資格を有する全ての外国人を孤立させることなく、社会を構成する一員として受け入れていくという視点に立ち、外国人が日本人と同様に公共サービスを享受し安心して生活することができる環境を全力で整備していく。

　日本に住む外国人として「難民」が明記され（傍線、筆者）、難民を含んだ

外国人の生活環境を「全力で整備する」と表現されている。総合的対応策は毎年、状況に応じて改定されるが、基本的な考え方については変わらない姿勢が貫かれている。

　2022年版以降の主な対策の柱は以下の5つであり、これに基づき各省庁が具体的に取り組んでいる。
1. 円滑なコミュニケーションと社会参加のための日本語教育等の取組
2. 外国人に対する情報発信・外国人向けの相談体制の強化
3. ライフステージ・ライフサイクルに応じた支援
4. 外国人人材の円滑かつ適正な受入れ
5. 共生社会の基盤整備に向けた取組

　相談体制の強化では、政府は外国人在留支援センター（フレスク／FRESC: Foreign Residents Support Center）を東京に設置し（2022年7月）、省庁間が連携して外国人の相談や、地方公共団体や企業の外国人に関する相談を受けることになった。また都道府県や市区町村レベルの外国人の一元的相談窓口の設置・運営を支援するために、外国人受入環境整備交付金で助成事業を行っている。さらに地域社会で外国人支援に携わる人材として外国人支援コーディネーターの配置なども検討されている。

　コロナ禍で、一時外国人人材の受入れがストップしたものの、現在は外国人人材の受入れは増加傾向にある。「特定技能」は約13万人（2022年12月現在）で、前年の同時期と比べると2.5倍以上に増加している[13]。同様に難民についても、2022年10月に入国制限が緩和されて以来、難民申請者数が急増している。難民支援者たちの話では、申請者が押し寄せ、彼らの一時的な宿泊先の手配に追われ、現場は悲鳴をあげているという。

　ポストコロナ時代では難民を含めた外国人が着実に増え、地域社会のグローバル化がすすむことは間違いない。政府の総合的対応策が着実に進行し、条約難民・第三国定住難民とともに難民申請者についても地域社会で暮らす住民であることを視野にいれた対応が必要である。

(2) 国際社会との共生——管理から難民保護への転換へ

　国内の外国人との共生とともに、日本社会と国際社会の共生もますます重要になってくる。第二次世界大戦後、世界の至るところで地域紛争や内戦は起こっていたが、ロシアとウクライナの国家間戦争は、多大なる影響を国際社会および日本社会に与えた。この戦争は、人道的な危機のみならず、世界の安全保障および世界経済の危機を招き、国際秩序の混乱を引き起こす結果となった。ウクライナまたはロシアを擁護するそれぞれの陣営の対立、ロシアへの経済制裁によって引き起こされるエネルギー供給の危機や物価高騰は、私たちの日常生活にも大きな打撃を与え続けている。国家間の緊張関係が深まる中で、国際協調は必然であり、国際社会における日本の果たす役割や責任がますます求められている。

　難民グローバルコンパクト（**第3章**参照）の影響もあり、国際社会の中で、大量の難民を公平分担に受け入れる責務を果たすことが日本に期待され、政府は2019年に第三国定住難民の受入れを拡大することになった。今まではマレーシアに一時滞在しているミャンマー難民を年に1回30人、家族単位で受け入れていたが、アジア地域に滞在する難民（出身国・地域を限定しない）を年間60人（年に2回）、単身者も含めて受け入れることとなった（2022年秋より開始）。とはいえ日本が受入れを拡大したといっても、先進諸国の数千人単位の受入れ規模に比べれば微々たる数である。難民の支援が不十分な日本で、他国同様に大量の難民を日本が受け入れることには抵抗があるかもしれない。しかし日本は2022年の約1年間でウクライナ避難民約2000人を受け入れた実績をつくったわけである。思い切って毎年500〜1000人規模の第三国定住難民を受け入れる検討の余地はある。

　他方、第三国定住難民の受入れ拡大とともに、難民認定者としての受入れ枠の拡大も検討されている。日本の難民受入れが少ない主な理由は、難民条約で定義された狭い意味での難民しか認定されないからである（**第1章**参照）。ウクライナ避難民は、日本の難民認定制度（2022年度末現在）では、難民認定されないことになる。しかし2023年の入管難民法改正（以下、2023年改正

入管難民法）により、補完的保護対象者（**第3章**参照）の認定制度を設けることになった。これは、紛争避難民なども含め、広く準難民として認め、定住者として安定した滞在資格を与えていこうとするものである。また今まで認定されなかった人に対しても、事由が見直される可能性があり、認定者が増えることも期待される。日本では難民申請者を収容したり、認定を却下されても何度も再申請したり、送還を拒否することなどが問題視されていたが、難民枠の拡大により、そうした問題が解消されていくことが期待される。ただ、これはあくまで受入れ国、日本政府の裁量で決定されることであり、あいかわらず2023年改正入管難民法は難民を管理する色彩が濃いいままである。申請者に対する送還を可能とし、収容しないかわりに監理人に監視させる等の問題点も残っている（**第6章**参照）。

　一方で、難民に対する保護や支援に関する法律は存在していない。韓国ではアジア初の独立した「難民保護法」が制定された（2013年7月施行）。日本ではなんみんフォーラム（FRJ：難民支援団体のネットワーク組織）（**第6章**参照）や弁護士団体等が難民保護法の制定を目指し、議員立法として制定しようという動きもある[14]。

　難民を生まない社会になることが最も望ましいことである。しかし、世界の趨勢として、難民問題がそう簡単に解決するとは思えない。大量の難民を国際社会、日本社会、そして地域社会で相応に分担し、しばらくの間は対応していかなければならない。困ったときはお互いさまであり、日本人も大災害によって海外に避難することが現実的に起こるかもしれない。難民問題を「我が事」として捉え、祖国から逃れ難民申請せざるを得ない人たちを積極的に保護すべきであろう。しかし、彼らを「かわいそうな人」として恩恵を与えるという意味ではない。国や民族を超えて、どこにいっても誰もが人間としての尊厳を持ち、安心・安全に、自分らしいライフ（生活と人生）を送れることを、当たり前の権利として保障していくことである。そうした難民支援のあり方について、私たちはいっしょに考えていきたいものである。

■注
1）日本ソーシャルワーカー連盟主催による World Social Work Day 記念シンポジウムオン
デマンド動画「4 難民申請から認定までの過程 生活の課題と支援など」難民当事者の
話。https://jfsw.org/what-we-do/internationa-collaboration/wswd/（2023.3.15）
2）公益社団法人日本社会福祉士会は強制送還による家族分離に反対する抗議声明「ベト
ナムへの集団強制送還による家族分断に関する声明」（2018 年 9 月 18 日）を出した。
https://www.jacsw.or.jp/citizens/seisakuteigen/documents/0180918.pdf（2023.3.15）
3）受入れ当初の在留資格は「短期滞在」（最大 90 日間）であったが、その後「特定活動
（1 年・就労可能）」への変更が認められた。これにより、住民登録、在留カードの発
行、国民健康保険等が可能となった。
4）出入国在留監理庁「ウクライナ避難民に関する情報」を参照。https://www.moj.go.jp/
isa/publications/materials/01_00234.html（2023.3.15）
5）日本財団「日本財団ウクライナ避難民支援」を参照。https://www.nippon-foundation.
or.jp/what/projects/support_ukraine（2023.3.15）
6）全国社会福祉協議会・社会福祉施設協議会連絡会は福祉関係者へのウクライナ避難民
への支援を呼びかけた。福祉関連の実践者や教育者がウクライナと日本を結び、大規
模なオンライン・シンポジウムを行った（例えば、日本ソーシャルワーカー連盟は
2023 年 3 月 12 日開催、日本ソーシャルワーク教育学校連盟は 2022 年 11 月 12 日開催）。
7）例えば、特定非営利団体 CINGA では、ウクライナ出身の心理士がウクライナ語・ロ
シア語で心配事および在留資格や生活全般について、電話や WatsApp，Telegram で相
談に応じている。https://www.cinga.or.jp/2912/（2023.3.16）
8）多文化間精神医学会（1993 年 7 月設立）は、在住外国人、難民、海外在住日本人など
の異文化の環境で苦悩している人たちのメンタルヘルス支援に先駆的に取り組み、研
究・実践、クリニックや支援団体の情報提供やネットワーク化等を行っている。
https://jstp.net/index.htm（2023.3.16）
9）群馬県の日本語学校とウクライナ避難民との学費をめぐるトラブルにより、日本語学
校理事長が、避難民への支援過剰という意味で「難民貴族」という表現を用いた（朝
日新聞 2023 年 2 月 28 日朝刊）。
10）公益財団法人横浜市国際交流協会「横浜市ウクライナ避難民支援ウェブサイト」
https://yokohamaukraine.com/（2023.3.17）、横浜市：ウクライナ避難民支援メニュー
「オール横浜支援パッケージ」https://www.city.yokohama.lg.jp/city-info/koho-kocho/
press/kokusai/2022/ukraine0415.files/0002_20220415.pdf（2023.3.17）。
11）公益財団法人日本 YMCA 同盟も「ウクライナ・カフェ HIMAWARI」を開設し、定
期的にウクライナ人同士の交流やプログラム活動を行っている。
12）たとえば、閣議決定「まち・ひと・しごと創生基本方針 2021」では、外国人材の地
域への定着促進を進めるために、外国人人材の受入支援や共生支援等の地方公共団体
の先導的な取組を支援するとされている。
13）特定技能の外国人は、4 万 9666 人（2021 年 12 月現在）から 13 万 915 人（2022 年 12
月現在）に増加している。出入国在留管理庁「特定技能在留外国人数の公表」https://
www.moj.go.jp/isa/policies/ssw/nyuukokukanri07_00215.html（2023.3.13）
14）2021 年 2 月に「難民等の保護に関する法律案」が議員立法として国会に提出されたが、

本案に修正が加えられ2022年5月10日に再度提出された（第208回参第11号）。

■文献

外国人材の受入れ・共生に関する関係閣僚会議（2018）「外国人材の受入れ・共生のための総合的対応策」（平成30年12月25日）https://www.kantei.go.jp/jp/singi/gaikokujinzai/kaigi/pdf/taiousaku_honbun.pdf（2023.3.17）

クルド人難民二家族を支援する会（2005）『難民を追いつめる国——クルド難民座り込みが訴えたもの』緑風出版

野田文隆・秋山剛編著（2016）「あなたにもできる外国人へのこころの支援——多文化共生時代のガイドブック」岩崎学術出版社

森恭子「国際ソーシャルワークと難民に関する課題」木村真理子・小原眞知子・武田丈編著（2022）『国際ソーシャルワークを知る——世界で活躍するための理論と実践』中央法規出版，114–124頁

森恭子（2021）「オーストラリア、フェアフィールド市の定住行動計画にみる多様な主体の連携・協働」『ソーシャルワーク研究』Vol.46 No.2，168–172頁

森恭子（2016）「移民・難民支援とソーシャルワーク」『ソーシャルワーク研究』Vol.42 No.2，34–45頁

和気純子（2023）「ウクライナからの避難と日本での暮らしに寄り添う伴奏支援——『日本YMCA同盟』横山由利亜さんに聞く」『ソーシャルワーク研究』第1号，68–72頁

Stump, T.（2019）The Right fit: Attracting and retaining newcomers in regional towns. https://www.researchgate.net/publication/337885659_The_Right_Fit_Attracting_and_retaining_newcomers_in_regional_towns（2023.3.17）

おわりに

　日本で暮らす難民の人たちと関わって早30年になる。ソーシャルワーカーとして20代で初めて難民に出会い、彼らの生きづらさを目の当たりにした。当時は、1年間に1人か2人しか難民認定をされなかった。彼らに「希望を持つように」などと私は軽々しく言えなかった。先が見えず踏切に飛び込んだ申請者もいた。在日難民との出会いは、その後の私の運命を劇的に変え、私を移民・難民支援の研究へと導くことになった。

　本書の原稿を執筆しているとき、国会は入管難民法改正案の審議の真っただ中であった。改正法案は、2021年に一度国会に提出されたが、人権上の問題が多く、市民団体等の猛烈な反対や、入管収容所内でのスリランカ女性の非情な死を受けて廃案となった。しかし2023年3月に再度、国会に提出された。前回の案に比べ、収容所内の処遇の改善等が盛り込まれたが、大筋は変わらず、難民に対する監理の強化と排除の姿勢はそのままであった。政府は積極的に難民を保護し支援する方針にあらず、6月20日の「世界難民の日」を前に法案は成立した（2023年6月9日）。

　確かに、難民と偽り申請する「偽装難民」も少なくない。法改正は、そうした難民を追い出すことを目的としている。いわゆる「真の難民」と、より良い生活を求めて日本にやってくる「経済難民（移民）」との線引きを徹底しようとした。「経済難民」のせいで「真の難民」が迷惑を被っていると非難する人もいる。しかし「経済難民」を排除するだけで本当に難民問題が解決するのだろうか。

　先日、コロナ禍が収束したこともあり、4年ぶりにスリランカ出身の難民女性と会った。彼女は、約10年前に政治的な理由で来日した「真の難民」といえるだろう。知り合った当時は、まったく日本語が話せず、行政の支援

もなかったが、職場の親切な上司や同僚から日本語を学び、今では流ちょうに日本語を話せるようになった。また良き伴侶にも恵まれ、一児の母となった。彼女から今のスリランカの国の窮状を聞き驚いた。物価の高騰、貧困の蔓延、教育や医療現場の崩壊など惨憺（さんたん）たる状況だそうだ。ちょうどその頃、スリランカの大統領が、支援を求めて来日し、岸田首相と会談していた。「スリランカにいても未来がない」——そう思い、日本で難民申請すれば就労ビザが手に入ると仲介業者に説かれ、家を売って大金を支払い来日するスリランカ人があとを絶たないらしい。彼女は、スリランカ人が騙（だま）されないようにSNSで日本の正しい情報を発信している。

　このような人たちは「真の難民」とはいえないが、行き場を失った人たちである。安全安心な生活の場を求めて自国を離れざるを得ない「生存移民」といえる。国家が破綻寸前となり、国家が自国民の生活を保障するという機能を果たせなくなっている。そうした国が世界で増えている。「真の難民」も「生存移民」も、それほど違いはないのかもしれない。しかし、彼らを受け入れる国にも限度があるので、キャパシティを超えれば彼らを追い返すしかない。こうした「いたちごっこ」が延々と続く。国家という枠組みを超えた人類の安全保障体制をつくっていくという根本的な問題に向き合わないと、本当の意味で難民問題は解決しないだろう。とはいえ、そう簡単にはいかない。日常的には、私たちは目の前にいる難民たちと向き合わなければならない。

　本書の執筆者たちは、長年、日本の難民支援に関わり、実践や研究・教育に携わってきたエキスパートである。複雑な制度の話や法律用語などが飛び交う文章は、読者にはやや難しく感じたかもしれないが、それぞれの難民への熱い思いがつまっている。今回の改正法案の行く末を案じながら、どこまで最新の動向をフォローすればよいか頭を悩ませた執筆者も多かった。またこの間、法案への抗議活動や急増する難民の対応に追われた者もいた。難民をとりまく状況が刻々と変わる中、本書の執筆作業は、本当にご苦労が多かったことだろう。本書作成のご協力を賜ったことを、ここに期して感謝申し上げたい。

世界情勢は日々激変し、今、世界は難民であふれている。日本でも難民問題は身近な話題になってきた。私が難民と出会った30年前と比べ、日本の中で難民支援者や支援団体は確実に増えている。改正法案やウクライナ問題は、一般の人たちへの難民への関心を一気に高めた。本書に描かれた「難民」というフィルターを通して、読者に今までとは異なる世界が広がったならば、編者としてうれしい限りである。

　最後に明石書店編集部の深澤孝之さんには、読者目線から終始適切な助言を賜り、大変お世話になりました。この場をお借りして感謝を申し上げます。

2023年6月20日　世界難民の日によせて

森　恭子

資　料

1 ◆ 難民の地位に関する 1951 年の条約

＊国連難民高等弁務官事務所（UNHCR）HP より
https://www.unhcr.org/jp/refugee-treaty

2 ◆ 2022（令和4）年における難民認定者数等について（抜粋）

＊出入国在留管理庁 HP より
https://www.moj.go.jp/isa/content/001393012.pdf

3 ◆ 難民認定手続の概要

＊2022 年版「出入国在留管理」日本語版の資料編より
https://www.moj.go.jp/isa/content/001385113.pdf

4 ◆ 都道府県別ウクライナ避難民在留者数（2023年6月7日現在—速報値—）

＊出入国在留管理庁 HP より（＊週1回（金曜）に更新されます）
https://www.moj.go.jp/isa/content/001373694.pdf

1 ◆ 難民の地位に関する1951年の条約

〔前文〕

締約国は、国際連合憲章及び1948年12月10日に国際連合総会により承認された世界人権宣言が、人間は基本的な権利及び自由を差別を受けることなく享有するとの原則を確認していることを考慮し、国際連合が、種々の機会に難民に対する深い関心を表明し並びに難民に対して基本的な権利及び自由のできる限り広範な行使を保証することに努力してきたことを考慮し、難民の地位に関する従前の国際協定を修正し及び統合すること並びにこれらの文書の適用範囲及びこれらの文書に定める保護を新たな協定において拡大することが望ましいと考え、難民に対する庇護の付与が特定の国にとって不当に重い負担となる可能性のあること並びに国際的な広がり及び国際的な性格を有すると国際連合が認める問題についての満足すべき解決は国際協力なしには得ることができないことを考慮し、すべての国が、難民問題の社会的及び人道的性格を認識して、この問題が国家間の緊張の原因となることを防止するため可能なすべての措置をとることを希望し、国際連合難民高等弁務官が難民の保護について定める国際条約の適用を監督する任務を有していることに留意し、また各国と国際連合難民高等弁務官との協力により、難民問題を処理するためにとられる措置の効果的な調整が可能となることを認めて、次のとおり協定した。

第1章　一般規定
第1条【「難民」の定義】

A　この条約の適用上、「難民」とは、次の者をいう。

(1) 1926年5月12日の取極、1928年6月30日の取極、1933年10月28日の条約、1938年2月10日の条約、1939年9月14の議定書または国際避難民機関憲章により難民と認められている者。国際避難民機関がその活動期間中いずれかの者について難民としての要件を満たしていないと決定したことは、当該者が(2)の条件をみたす場合に当該者に対し難民の地位を与えることを妨げるものではない。

(2) 1951年1月1日前に生じた事件の結果として、かつ、人種、宗教、国籍もしくは特定の社会的集団の構成員であることまたは政治的意見を理由に迫害を受けるおそれがあるという十分に理由のある恐怖を有するために、国籍国の外にいる者であって、その国籍国の保護を受けることができない者またはそのような恐怖を有するためにその国籍国の保護を受けることを望まない者及びこれらの事件の結果として常居所を有していた国の外にいる無国籍者であって、当該常居所を有していた国に帰ることができない者またはそのような恐怖を有するために当該常居所を有していた国に帰ることを望まない者。

二以上の国籍を有する者の場合には、「国籍国」とは、その者がその国籍を有す

る国のいずれをもいい、迫害を受けるおそれがあるという十分に理由のある恐怖を有するという正当な理由なくいずれか一の国籍国の保護を受けなかったとしても、国籍国の保護がないとは認められない。

B　(1)この条約の適用上、Aの「1951年1月1日前に生じた事件」とは、次の事件のいずれかをいう。

(a) 1951年1月1日前に欧州において生じた事件

(b) 1951年1月1日前に欧州または他の地域において生じた事件

各締約国は、署名、批准または加入の際に、この条約に基づく自国の義務を履行するに当たって(a)または(b)のいずれの規定を適用するかを選択する宣言を行う。

(2) (a)の規定を適用することを選択した国は、いつでも、(b)の規定を適用することを選択する旨を国際連合事務総長に通告することにより、自国の義務を拡大することができる。

C　Aの規定に該当する者についてのこの条約の適用は、当該者が次の場合のいずれかに該当する場合には、終止する。

(1)任意に国籍国の保護を再び受けている場合

(2)国籍を喪失していたが、任意にこれを回復した場合

(3)新たな国籍を取得し、かつ、新たな国籍国の保護を受けている場合

(4)迫害を受けるおそれがあるという恐怖を有するため、定住していた国を離れまたは定住していた国の外にとどまっていたが、当該定住していた国に任意に再び定住するに至った場合

(5)難民であると認められる根拠となった事由が消滅したため、国籍国の保護を受けることを拒むことができなくなった場合

ただし、この(5)の規定は、A(1)の規定に該当する難民であって、国籍国の保護を受けることを拒む理由として過去における迫害に起因するやむを得ない事情を援用することができる者については、適用しない。

(6)国籍を有していない場合において、難民であると認められる根拠となった事由が消滅したため、常居所を有していた国に帰ることできるとき。

ただし、この(6)の規定は、A(1)の規定に該当する難民であって、常居所を有していた国に帰ることを拒む理由として過去における迫害に起因するやむをえない事情を援用することができる者については、適用しない。

D　この条約は、国際連合難民高等弁務官以外の国際連合の機関の保護または援助を現に受けている者については、適用しない。

これらの保護または援助を現に受けている者の地位に関する問題が国際連合総会の採択する国連決議に従って最終的に解決されることなくこれらの保護または援助の付与が終止したときは、これらの者は、その終止により、この条約により与えられる利益を受ける。

E　この条約は、居住国の権限のある機関によりその国の国籍を保持することに伴う権利及び義務と同等の権利を有し及び同等の義務を負うと認められる者については、適用しない。

F　この条約は、次のいずれかに該当すると考えられる相当な理由がある者については、適用しない。

　(a)平和に対する犯罪、戦争犯罪及び人道に対する犯罪に関して規定する国際文書の定めるこれらの犯罪を行ったこと。

　(b)難民として避難国に入国することが許可される前に避難国の外で重大な犯罪（政治犯罪を除く）を行ったこと。

　(c)国際連合の目的及び原則に反する行為を行ったこと。

第2条【一般的義務】

すべての難民は、滞在する国に対し、特に、その国の法令を遵守する義務及び公の秩序を維持するための措置に従う義務を負う。

第3条【無差別】

締約国は、難民に対し、人種、宗教または出身国による差別なしにこの条約を適用する。

第4条【宗教】

締約国は、その領域内の難民に対し、宗教を実践する自由及び子の宗教的教育についての自由に関し、自国民に与える待遇と少なくとも同等の好意的待遇を与える。

第5条【この条約にかかわりなく与えられる権利】

この条約のいかなる規定も、締約国がこの条約にかかわりなく難民に与える権利及び利益を害するものと解してはならない。

第6条【「同一の事情のもとで」の意味】

この条約の適用上、「同一の事情のもとで」とは、その性格上難民がみたすことのできない要件を除くほか、ある者が難民でないと仮定した場合に当該者が特定の権利を享受するために満たさなければならない要件（滞在または居住の規則及び条件に関する要件を含む）がみたされていることを条件として、ということを意味する。

第7条【相互主義の適用の免除】

1　締約国は、難民に対し、この条約が一層有利な規定を設けている場合を除くほ

か、一般に外国人に対して与える待遇と同一の待遇を与える。

2　すべての難民は、いずれかの締約国の領域内に3年間居住した後は、当該締約国の領域内において立法上の相互主義を適用されることはない。

3　締約国は、自国についてこの条約の効力が生ずる日に相互の保証なしに難民に既に認めている権利及び利益が存在する場合には、当該権利及び利益を引き続き与える。

4　締約国は、2及び3の規定により認められる権利及び利益以外の権利及び利益を相互の保証なしに難民に与えることの可能性並びに2に規定する居住の条件をみたしていない難民並びに3に規定する権利及び利益が認められていない難民に対しても相互主義を適用しないことの可能性を好意的に考慮する。

5　2及び3の規定は、第13条、第18条、第19条、第21条及び第22条に規定する権利及び利益並びにこの条約に規定していない権利及び利益のいずれについても、適用する。

第8条【例外的措置の適用の免除】

締約国は、特定の外国の国民の身体、財産または利益に対してとることのある例外的措置については、形式上当該外国の国民である難民に対し、その国籍のみを理由としてこの措置を適用してはならない。前段に定める一般原則を適用することが法制上できない締約国は、適当な場合には、当該難民について当該例外的措置の適用を免除する。

第9条【暫定措置】

この条約のいかなる規定も、締約国が、戦時にまたは他の重大かつ例外的な状況において、特定の個人について国の安全のために不可欠であると認める措置を暫定的にとることを妨げるものではない。もっとも、当該特定の個人について真に難民であるか難民でないかまたは当該特定の個人について当該不可欠であると認める措置を引き続き適用することが国の安全のために必要であるか必要でないかを当該締約国が決定するまでの間に限る。

第10条【居住の継続】

1　第二次世界大戦中に退去を強制されていずれかの締約国の領域に移動させられ、かつ、当該領域内に居住している難民は、この滞在を強制された期間合法的に当該領域内に居住していたものとみなす。

2　難民が第二次世界大戦中にいずれかの締約国の領域からの退去を強制され、かつ、居住のため当該領域にこの条約の効力発生の目前に帰った場合には、この強制された過去の前後の居住期間は、継続的な居住が必要とされるいかなる場合においても継続した一の期間とみなす。

第11条【難民である船員】
締約国は自国を旗国とする船舶の常備の乗組員として勤務している難民については、自国の領域における定住について好意的考慮を払うものとし、特に他の国における定住を容易にすることを目的として、旅行証明書を発給しまたは自国の領域に一時的に入国を許可することについて好意的考慮を払う。

第2章　法的地位
第12条【属人法】
1　難民については、その属人法は住所を有する国の法律とし、住所を有しないときは、居所を有する国の法律とするものとする。
2　難民が既に取得した権利であって属人法に基づくもの特に婚姻に伴う権利は、難民が締約国の法律に定められる手続に従うことが必要な場合にはこれに従うことを条件として、当該締約国により尊重される。ただし、この権利は、当該難民が難民でないとした場合においても、当該締約国の法律により認められるものでなければならない。

第13条【動産及び不動産】
締約国は、難民に対し、動産及び不動産の所有権並びに動産及び不動産についてのその他の権利の取得並びに動産及び不動産に関する賃貸借その他の契約に関し、できる限り有利な待遇を与えるものとし、いかなる場合にも、同一の事情のもとで一般に外国人に対して与える待遇よりも不利でない待遇を与える。

第14条【著作権及び工業所有権】
難民は、発明、意匠、商標、商号等の工業所有権の保護並びに文学的、美術的及び学術的著作物についての権利の保護に関しては、常居所を有する国において、その国の国民に与えられる保護と同一の保護を与えられるものとし、他のいずれの締約国の領域においても、当該難民が常居所を有する国の国民に対して当該締約国の領域において与えられる保護と同一の保護を与えられる。

第15条【結社の権利】
締約国は、合法的にその領域内に滞在する難民に対し、非政治的かつ非営利的な団体及び労働組合にかかわる事項に関し、同一の事情のもとで外国の国民に与える待遇のうち最も有利な待遇を与える。

第16条【裁判を受ける権利】
1　難民は、すべての締約国の領域において、自由に裁判を受ける権利を有する。
2　難民は、常居所を有する締約国において、裁判を受ける権利に関する事項（法

律扶助及び訴訟費用の担保の免除を含む）につき、当該締約国の国民に与えられる待遇と同一の待遇を与えられる。

3　難民は、常居所を有する締約国以外の締約国において、2に規定する事項につき、当該常居所を有する締約国の国民に与えられる待遇と同一の待遇を与えられる。

第3章　職業
第17条【賃金が支払われる職業】

1　締約国は、合法的にその領域内に滞在する難民に対し、賃金が支払われる職業に従事する権利に関し、同一の事情のもとで外国の国民に与える待遇のうち最も有利な待遇を与える。

2　いかなる場合にも、締約国が国内労働市場の保護のため外国人または外国人の雇用に関してとる制限的措置は、当該締約国についてこの条約の効力が生ずる日に既にそれらの措置の適用を免除されている難民または次の条件のいずれかをみたす難民については、適用しない。

(a)当該締約国に3年以上居住していること。

(b)当該難民が居住している当該締約国の国籍を有する配偶者があること。難民は、その配偶者を遺棄した場合には、この(b)の規定による利益を受けることができない。

(c)当該難民が居住している当該締約国の国籍を有する子があること。

3　締約国は、賃金が支払われる職業に関し、すべての難民、特に、労働者募集計画または移住者受入計画によって当該締約国の領域に入国した難民の権利を自国民の権利と同一のものとすることについて好意的考慮を払う。

第18条【自営業】

締約国は、合法的にその領域内にいる難民に対し、独立して農業、工業、手工業及び商業に従事する権利並びに商業上及び産業上の会社を設立する権利に関し、できる限り有利な待遇を与えるものとし、いかなる場合にも、同一の事情のもとで一般に外国人に対して与える待遇よりも不利でない待遇を与える。

第19条【自由業】

1　締約国は、合法的にその領域内に滞在する難民であって、当該締約国の権限のある機関が承認した資格証書を有し、かつ、自由業に従事することを希望するものに対し、できる限り有利な待遇を与えるものとし、いかなる場合にも、同一の事情のもとで一般に外国人に対して与える待遇よりも不利でない待遇を与える。

2　締約国は、自国が国際関係について責任を有する領域（本土地域を除く）内に1に規定する難民が定住することを確保するため、自国の憲法及び法律に従って

最善の努力を払う。

第4章　福祉
第20条【配給】
難民は、供給が不足する物資の分配を規制する配給制度であって住民全体に適用
されるものが存在する場合には、当該配給制度の適用につき、国民に与えられる
待遇と同一の待遇を与えられる。

第21条【住居】
締約国は、住居にかかわる事項が法令の規制を受けまたは公の機関の管理のもと
にある場合には、合法的にその領域内に滞在する難民に対し、住居に関し、でき
る限り有利な待遇を与えるものとし、いかなる場合にも、同一の事情のもとで一
般に外国人に対して与える待遇よりも不利でない待遇を与える。

第22条【公の教育】
1　締約国は、難民に対し、初等教育に関し、自国民に与える待遇と同一の待遇を
　与える。
2　締約国は、難民に対し、初等教育以外の教育、特に修学の機会、学業に関する
　証明書、資格証書及び学位の外国において与えられたものの承認、授業料その
　他納付金の減免並びに奨学金の給付に関し、できる限り有利な待遇を与えるも
　のとし、いかなる場合にも、同一の事情のもとで一般に外国人に対して与える
　待遇よりも不利でない待遇を与える。

第23条【公的扶助】
締約国は、合法的にその領域内に滞在する難民に対し、公的扶助及び公的援助に
関し、自国民に与える待遇と同一の待遇を与える。

第24条【労働法制及び社会保障】
1　締約国は、合法的にその領域内に滞在する難民に対し、次の事項に関し、自国
　民に与える待遇と同一の待遇を与える。
　(a)報酬（家族手当がその一部を成すときは、これを含む）、労働時間、時間外労働、
　有給休暇、家内労働についての制限、雇用についての最低年齢、見習及び訓練、
　女子及び年少者の労働並びに団体交渉の利益の享受にかかわる事項であって、
　法令の規律を受けるものまたは行政機関の管理のもとにあるもの。
　(b)社会保障（業務災害、職業病、母性、疾病、廃疾、老齢、死亡、失業、家族的責
　任その他国内法令により社会保障制度の対象とされている給付事由に関する法規）。
　ただし、次の措置をとることを妨げるものではない。

（ⅰ）当該難民が取得した権利または取得の過程にあった権利の維持に関し適当な措置をとること。

（ⅱ）当該難民が居住している当該締約国の国内法令において、公の資金から全額支給される給付の全部または一部に関し及び通常の年金の受給のために必要な拠出についての条件を満たしていない者に支給される手当てに関し、特別の措置を定めること。

2　業務災害または職業病に起因する難民の死亡について補償を受ける権利は、この権利を取得する者が締約国の領域外に居住していることにより影響を受けない。

3　締約国は、取得されたまたは取得の過程にあった社会保障についての権利の維持に関し他の締約国との間で既に締結した協定または将来締結することのある協定の署名国の国民に適用される条件を難民がみたしている限り、当該協定による利益と同一の利益を当該難民に与える。

4　締約国は、取得されたまたは取得の過程にあった社会保障についての権利の維持に関する協定であって非締約国との間で現在効力を有しまたは将来効力を有することのあるものによる権利と同一の利益をできる限り難民に与えることについて好意的考慮を払うものとする。

第5章　行政上の措置
第25条【行政上の援助】

1　難民がその権利の行使につき通常外国の機関の援助を必要とする場合において当該外国の機関の援助を求めることができないときは、当該難民が居住している締約国は、自国の機関または国際機関により同様の援助が当該難民に与えられるように取り計らう。

2　1にいう自国の機関または国際機関は、難民に対し、外国人が通常本国の機関からまたは本国の機関を通じて交付を受ける文書または証明書と同様の文書または証明書を交付するものとし、また、その監督のもとにこれらの文書または証明書が交付されるようにする。

3　2の規定により交付される文書または証明書は、外国人が本国の機関からまたは本国の機関を通じて交付を受ける公文書に代わるものとし、反証のない限り信用が与えられるものとする。

4　生活に困窮する者に対する例外的な取扱いがある場合には、これに従うことを条件として、この条に規定する事務については手数料を徴収することができるが、その手数料は、妥当な、かつ、同種の事務について国民から徴収する手数料に相応するものでなければならない。

5　この条の規定は、第27条及び第28条の規定の適用を妨げるものではない。

第26条【移動の自由】

締約国は、合法的にその領域内にいる難民に対し、当該難民が同一の事情のもとで一般に外国人に対して適用される規制に従うことを条件として、居住地を選択する権利及び当該締約国の領域内を自由に移動する権利を与える。

第27条【身分証明書】

締約国は、その領域内にいる難民であって有効な旅行証明書を所持していない者に対し、身分証明書を発給する。

第28条【旅行証明書】

1　締約国は、合法的にその領域内に滞在する難民に対し、国の安全または公の秩序のためのやむをえない理由がある場合を除くほか、その領域外への旅行のための旅行証明書を発給するものとし、この旅行証明書に関しては、附属書の規定が適用される。締約国は、その領域内にいる他の難民に対してもこの旅行証明書を発給することができるものとし、特に、その領域内にいる難民であって合法的に居住している国から旅行証明書の発給を受けることができない者に対して旅行証明書を発給することについて好意的考慮を払う。

2　従前の国際協定の締約国が当該国際協定の定めるところにより難民に対して発給した旅行証明書は、この条約の締約国により有効なものとして認められ、かつ、この条の規定により発給されたものとして取り扱われる。

第29条【公租公課】

1　締約国は、難民に対し、同様の状態にある自国民に課しているもしくは課することのある租税その他の公課（名称のいかんを問わない）以外の公課を課してはならず、また、租税その他の公課（名称のいかんを問わない）につき同様の状態にある自国民に課する額よりも高額のものを課してはならない。

2　1の規定は、行政機関が外国人に対して発給する文書（身分証明書を含む）の発給についての手数料に関する法令を難民について適用することを妨げるものではない。

第30条【資産の移転】

1　締約国は、自国の法令に従い、難民がその領域内に持ち込んだ資産を定住のために入国を許可された他の国に移転することを許可する。

2　締約国は、難民が入国を許可された他の国において定住するために必要となる資産（所在地のいかんを問わない）につき当該難民から当該資産の移転の許可の申請があった場合には、この申請に対し好意的考慮を払う。

第31条【避難国に不法にいる難民】

1　締約国は、その生命または自由が第1条の意味において脅威にさらされていた領域から直接来た難民であって許可なく当該締約国の領域に入国しまたは許可なく当該締約国の領域内にいるものに対し、不法に入国しまたは不法にいることを理由として刑罰を科してはならない。ただし、当該難民が遅滞なく当局に出頭し、かつ、不法に入国しまたは不法にいることの相当な理由を示すことを条件とする。

2　締約国は、1の規定に該当する難民の移動に対し、必要な制限以外の制限を課してはならず、また、この制限は、当該難民の当該締約国における滞在が合法的なものとなるまでの間または当該難民が他の国への入国許可を得るまでの間に限って課することができる。締約国は、1の規定に該当する難民に対し、他の国への入国許可を得るために妥当と認められる期間の猶予及びこのために必要なすべての便宜を与える。

第32条【追放】

1　締約国は、国の安全または公の秩序を理由とする場合を除くほか、合法的にその領域内にいる難民を追放してはならない。

2　1の規定による難民の追放は、法律の定める手続に従って行われた決定によってのみ行う。国の安全のためのやむを得ない理由がある場合を除くほか、1に規定する難民は、追放される理由がないことを明らかにする証拠の提出並びに権限のある機関またはその機関が特に指名する者に対する不服の申立て及びこのための代理人の出頭を認められる。

3　締約国は、1の規定により追放されることとなる難民に対し、他の国への入国許可を求めるのに妥当と認められる期間の猶予を与える。締約国は、この期間中必要と認める国内措置をとることができる。

第33条【追放及び送還の禁止】

1　締約国は、難民を、いかなる方法によっても、人種、宗教、国籍もしくは特定の社会的集団の構成員であることまたは政治的意見のためにその生命または自由が脅威にさらされるおそれのある領域の国境へ追放しまたは送還してはならない。

2　締約国にいる難民であって、当該締約国の安全にとって危険であると認めるに足りる相当な理由がある者または特に重大な犯罪について有罪の判決が確定し当該締約国の社会にとって危険な存在となった者は、1の規定による利益の享受を要求することができない。

第34条【帰化】

締約国は、難民の当該締約国の社会への適応及び帰化をできる限り容易なものとする。締約国は、特に、帰化の手続が迅速に行われるようにするため並びにこの手続にかかる手数料及び費用をできる限り軽減するため、あらゆる努力を払う。

第6章　実施規定及び経過規定

第35条【締約国の機関と国際連合との協力】

1　締約国は、国際連合難民高等弁務官事務所またはこれを承継する国際連合の他の機関の任務の遂行に際し、これらの機関と協力することを約束するものとし、特に、これらの機関の条約の適用を監督する責務の遂行に際し、これらの機関に便宜を与える。

2　締約国は、国際連合難民高等弁務官事務所またはこれを承継する国際連合の他の機関が国際連合の権限のある機関に報告することのできるよう、要請に応じ、次の事項に関する情報及び統計を適当な様式で提供することを約束する。

(a)難民の状態

(b)この条約の実施状況

(c)難民に関する現行法令及び難民に関して将来施行される法令

第36条【国内法令に関する情報】

締約国は、国際連合事務総長に対し、この条約の適用を確保するために制定する法令を送付する。

第37条【従前の条約との関係】

この条約は、締約国の間において、1922年7月5日、1924年5月31日、1926年5月12日、1928年6月30日及び1935年7月30日の取極、1933年10月28日及び1938年2月10日の条約、1939年9月14日の議定書並びに1946年10月15日の協定に代わるものとする。ただし、第28条の2の規定の適用を妨げない。

第7章　最終条項

第38条【紛争の解決】

この条約の解釈または適用に関する締約国間の紛争であって他の方法によって解決することができないものは、いずれかの紛争当事国の要請により、国際司法裁判所に付託する。

第39条【署名、批准及び加入】

1　この条約は、1951年7月28日にジュネーブにおいて署名のために開放するものとし、その後国際連合事務総長に寄託する。この条約は、同日から同年8月

31日までは国際連合の欧州事務所において、同年9月17日から1952年12月31日までは国際連合本部において、署名のために開放しておく。

2　この条約は、国際連合のすべての加盟国並びにこれらの加盟国以外の国であって難民及び無国籍者の地位に関する全権委員会議に出席するよう招請された者並びに国際連合総会によりこの条約に署名するよう招請される者による署名のために開放しておく。この条約は、右の国により批准されなければならない。批准書は、国際連合事務総長に寄託する。

3　この条約は、1951年7月28日から2に規定する国による加入のために開放しておく。加入は、加入書を国際連合事務総長に寄託することによって行う。

第40条【適用地域条約】

1　いずれの国も、署名、批准、または加入の際に、自国が国際関係について責任を有する領域の全域または一部についてこの条約を適用することを宣言することができる。宣言は、その国についてこの条約の効力が生ずる時に効力を生ずる。

2　いずれの国も、署名、批准または加入の後1の宣言を行う場合には、国際連合事務総長にその宣言を通告するものとし、当該宣言は、国際連合事務総長が当該宣言の通告を受領した日の後90日またはその国についてこの条約の効力が生ずる日のいずれか遅い日に効力を生ずる。

3　関係国は、署名、批准または加入の際にこの条約を適用することをしなかった領域についてこの条約を適用するため、憲法上必要があるときはこれらの領域の政府の同意を得ることを条件として必要な措置をとることの可能性について検討する。

第41条【連邦条項】

締約国が連邦制または非単一制の国である場合には、次の規定を適用する。

(a) この条約の規定であってその実施が連邦の立法機関の立法権の範囲内にあるものについては、連邦の政府の義務は、連邦制をとっていない締約国の義務と同一とする。

(b) この条約の規定であってその実施が邦、州または県の立法権の範囲内にあり、かつ連邦の憲法制度上、邦、州または県が立法措置を取ることを義務づけられていないものについては、連邦の政府は、邦、州または県の適当な機関に対し、できる限り速やかに、好意的な意見を付してその規定を通報する。

(c) この条約の締約国である連邦制の国は、国際連合事務総長を通じて他の締約国から要請があったときは、この条約の規定の実施に関する連邦及びその構成単位の法令及び慣行についての説明を提示し、かつ、立法その他の措置によりこの条約の規定の実施が行われている程度を示す。

第42条【留保】

1　いずれの国も、署名、批准または加入の際に、第1条、第3条、第4条、第16条1、第33条及び第36条から第46条までの規定を除くほか、この条約の規定について留保を付することができる。

2　1の規定に基づいて留保を付した国は、国際連合事務総長にあてた通告により、いつでも当該留保を撤回することができる。

第43条【効力発生】

1　この条約は、6番目の批准書または加入書が寄託された日の後90日目の日に効力を生ずる。

2　この条約は、6番目の批准書または加入書が寄託された後に批准または加入する国については、その批准書または加入書が寄託された日の後90日目の日に効力を生ずる。

第44条【廃棄】

1　いずれの締約国も、国際連合事務総長にあてた通告により、いつでもこの条約を廃棄することができる。

2　廃棄は、国際連合事務総長が1の通告を受領した日の後1年で当該通告を行った締約国について効力を生ずる。

3　第40条の規定に基づいて宣言または通告を行った国は、その後いつでも、国際連合事務総長にあてた通告により、同条の規定に基づく宣言または通告により指定した領域についてこの条約の適用を終止する旨の宣言を行うことができる。当該宣言は、国際連合事務総長がこれを受領した日の後1年で効力を生ずる。

第45条【改正】

1　いずれの締約国も、国際連合事務総長にあてた通告により、いつでもこの条約の改正を要請することができる。

2　国際連合総会は、1の要請についてとるべき措置があるときは、その措置を勧告する。

第46条【国際連合事務総長による通報】

国際連合事務総長は、国際連合のすべての加盟国及びこれらの加盟国以外の国で第39条に規定するものに対し、次の事項を通報する。

(a) 第1条Bの規定による宣言及び通告

(b) 第39条の規定による署名、批准及び加入

(c) 第40条の規定による宣言及び通告

(d) 第42条の規定による留保及びその撤回

(e) 第43条の規定に基づきこの条約の効力が生ずる日

(f) 第44条の規定による廃棄及び通告

(g) 前条の規定による改正の要請

以上の証拠として、下名は、各自の政府から正当に委任を受けてこの条約に署名した。

1951年7月28日にジュネーブで、ひとしく正文である英語及びフランス語により本書1通を作成した。本書は、国際連合に寄託するものとし、その認証謄本は、国際連合のすべての加盟国及びこれらの加盟国以外の国で第39条に規定するものに送付する。

〔附属書〕

第1項

1　第28条に規定する旅行証明書の様式は、付録に定める様式と同様のものとする。

2　1の旅行証明書は、少なくとも二の言語で作成するものとし、そのうちの一の言語は、英語又はフランス語とする。

第2項

旅行証明書の発給国の規則に別段の定めがある場合を除くほか、子は、両親のいずれか一方の旅行証明書にまたは例外的な事情のある場合には成人である他の難民の旅行証明書に併記することができる。

第3項

旅行証明書の発給について徴収する手数料の額は、国民に対する旅券の発給についての手数料の最低額を超えてはならない。

第4項

特別の場合または例外的な場合を除くほか、旅行証明書は、できる限り多数の国について有効なものとして発給する。

第5項

旅行証明書の有効期間は、その発給機関の裁量により1年または2年とする。

第6項

1　旅行証明書の有効期間の更新または延長は、当該旅行証明書の名義人が合法的に他の国の領域内に居住するに至っておらず、かつ、当該旅行証明書の発給機関のある国の領域内に合法的に居住している限り、当該発給機関の権限に属する。新たな旅行証明書の発給は、前段の条件と同一の条件がみたされる限り、

従前の旅行証明書の発給機関の権限に属する。

2　外交機関または領事機関で特にその権限を与えられているものは、自国の政府が発給した旅行証明書の有効期間を6カ月を超えない範囲で延長する権限を有する。

3　締約国は、既にその領域内に合法的に居住していない難民であって合法的に居住している国から旅行証明書を取得することができないものに対し、旅行証明書の有効期間の更新もしくは延長または新たな旅行証明書の発給について好意的考慮を払う。

第7項

締約国は、第28条の規定により発給された旅行証明書を有効なものとして認める。

第8項

難民が赴くことを希望する国の権威のある機関は、当該難民の入国を認める用意があり、かつ、当該難民の入国に査証が必要であるときは、当該難民の旅行証明書に査証を与える。

第9項

1　締約国は、最終の目的地である領域の査証を取得している難民に対し、通過査証を発給することを約束する。

2　1の通過査証の発給は、一般に外国人に対して査証の発給を拒むことのできる正当な事由によって拒むことができる。

第10項

出国査証、入国査証または通過査証の発給についての手数料の額は、外国の旅券に査証を与える場合の手数料の最低額を超えてはならない。

第11項

いずれかの締約国から旅行証明書の発給を受けていた難民が他の締約国の領域内に合法的に居住するに至ったときは、新たな旅行証明書を発給する責任は、第28条の規定により当該他の締約国の領域の権限のある機関が負うものとし、当該難民は、当該機関に旅行証明書の発給を申請することができる。

第12項

新たな旅行証明書の発給機関は、従前の旅行証明書を回収するものとし、当該従前の旅行証明書にこれを発給国に返送しなければならない旨の記載があるときは、当該従前の旅行証明書を当該発給国に返送する。そのような記載がないときは、

当該発給機関は、回収した旅行証明書を無効なものとする。

第13項

1　締約国は、第28条の規定により発給した旅行証明書の名義人に対し、その旅行証明書の有効規則内のいずれの時点においても当該締約国の領域に戻ることを許可することを約束する。
2　締約国は、1の規定に従うことを条件として、旅行証明書の名義人に対し、出入国について定める手続に従うことを要求することができる。
3　締約国は、例外的な場合または難民の滞在が一定の期間に限って許可されている場合は、難民が当該締約国の領域に戻ることのできる期間を旅行証明書の発給の際に3カ月を下らない期間に限定することができる。

第14項

前項の規定のみを例外として、この附属書の規定は、締約国の領域にかかわる入国、通過、滞在、定住及び出国の条件を規律する法令に何ら影響を及ぼすものではない。

第15項

旅行証明書の発給があったこと及び旅行証明書に記入がされていることは、その名義人の地位（特に国籍）を決定しまたはこれに影響を及ぼすものではない。

第16項

旅行証明書の発給は、その名義人に対し、当該旅行証明書の発給国の外交機関または領事機関による保護を受ける権利をいかなる意味においても与えるものではなく、また、これらの機関に対し、保護の権利を与えるものでもない。

2 ◆ 2022（令和4）年における難民認定者数等について（抜粋）

表1及び図1：難民認定申請者数の推移

（人）

	平成25年	平成26年	平成27年	平成28年	平成29年	平成30年	令和元年	令和2年	令和3年	令和4年
申請数	3,260	5,000	7,586	10,901	19,629	10,493	10,375	3,936	2,413	3,772

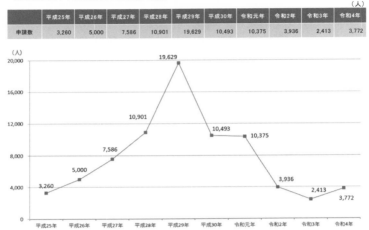

表2：国籍別難民認定申請者数の推移

（人）

	令和2年			令和3年			令和4年	前年比増減率	申請数全体に占める割合
①	トルコ	836	①	ミャンマー	612	①	カンボジア	578	32.0%	15.3%
②	ミャンマー	602	②	トルコ	510	②	スリランカ	502	221.8%	13.3%
③	ネパール	466	③	カンボジア	438	③	トルコ	445	-12.7%	11.8%
④	カンボジア	414	④	スリランカ	156	④	ミャンマー	298	-51.3%	7.9%
⑤	スリランカ	370	⑤	パキスタン	89	⑤	パキスタン	238	167.4%	6.3%
⑥	パキスタン	326	⑥	バングラデシュ	80	⑥	バングラデシュ	230	187.5%	6.1%
⑦	バングラデシュ	266	⑦	ネパール	69	⑦	ウズベキスタン	210	1066.7%	5.6%
⑧	インド	130	⑧	インド	61	⑧	アフガニスタン	182	1416.7%	4.8%
⑨	セネガル	53	⑨	ナイジェリア	57	⑨	インド	172	182.0%	4.6%
⑩	カメルーン	48	⑩	カメルーン	31	⑩	ネパール	130	88.4%	3.4%
⑪	中国	47	⑪	イラン	30	⑪	カメルーン	84	171.0%	2.2%
⑪	チュニジア	47	⑫	中国	28	⑫	イラン	79	163.3%	2.1%
⑬	ナイジェリア	40	⑫	フィリピン	28	⑬	セネガル	74	393.3%	2.0%
⑭	ウガンダ	33	⑭	ガーナ	22	⑭	ウガンダ	61	258.8%	1.6%
⑮	ガーナ	31	⑮	コンゴ民主共和国	20	⑮	ナイジェリア	56	-1.8%	1.5%
⑯	イラン	25	⑯	ウズベキスタン	18	⑯	中国	45	60.7%	1.2%
⑰	インドネシア	24	⑰	ウガンダ	17	⑰	ギニア	34	161.5%	0.9%
⑱	フィリピン	21	⑱	セネガル	15	⑱	ガーナ	31	40.9%	0.8%
⑲	コンゴ民主共和国	17	⑲	ギニア	13	⑲	チュニジア	31	181.8%	0.8%
⑳	シリア	13	⑳	アフガニスタン	12	⑳	シリア	30	2900.0%	0.8%
㉑	ギニア	10	㉑	チュニジア	11	㉑	フィリピン	29	3.6%	0.8%
㉒	アフガニスタン	9	㉒	エチオピア	10	㉒	コンゴ民主共和国	28	40.0%	0.7%
㉒	タンザニア	9	㉒	ガンビア	9	㉓	ロシア	21	950.0%	0.6%
㉔	南アフリカ共和国	8	㉔	エジプト	8	㉔	エチオピア	17	70.0%	0.5%
㉕	エジプト	7	㉔	スーダン	8	㉕	ブルキナファソ	11	83.3%	0.3%
—	その他	84	—	その他	61	—	その他	156	—	4.1%
	総数	3,936		総数	2,413		総数	3,772	56.3%	100.0%

（注）表の割合（%）は表示桁数未満を四捨五入しているため、その合計は必ずしも総数とは一致しません（本表以降の図表についても同様）。

図２：男女別・年齢別の難民認定申請者数の内訳

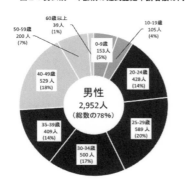
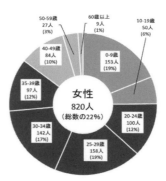

表８：国籍別難民認定者数の推移

(人)

平成30年		令和元年		令和2年		令和3年		令和4年	
コンゴ民主共和国	13	アフガニスタン	16	イエメン	11	ミャンマー	32	アフガニスタン	147
イエメン	5	リビア	4	中国	11	中国	18	ミャンマー	26
エチオピア	5	イエメン	3	アフガニスタン	5	アフガニスタン	9	中国	9
アフガニスタン	4	コンゴ民主共和国	3	シリア	4	イラン	4	エリトリア	5
中国	4	シリア	3	ギニア	3	イエメン	3	カメルーン	4
イラン	3	ベネズエラ	3	コンゴ民主共和国	3	ウガンダ	2	イエメン	3
シリア	3	ウガンダ	2	ルワンダ	3	カメルーン	2	ウガンダ	2
ウガンダ	3	エチオピア	2	イラク	2	イラク	1	エチオピア	2
エリトリア	1	無国籍	2	イラン	1	ガーナ	1	カンボジア	1
コロンビア	1	イラク	1	ウガンダ	1	南スーダン共和国	1	コンゴ民主共和国	1
ブルンジ	1	スーダン	1	コートジボワール	1			トルコ	1
無国籍	1	スリランカ	1	スーダン	1			リビア	1
		ソマリア	1	無国籍	1				
		パキスタン	1						
		ブルンジ	1						
総数	42	総数	44	総数	47	総数	74	総数	202

表９：人道配慮数の推移

(人)

	平成30年	令和元年	令和2年	令和3年	令和4年
人道配慮数	40	37	44	580	1,760
うち本国情勢等	16	10	19	525	1,712

表１０：人道配慮者数のうち本国情勢等を踏まえて在留を認めた者の数

(人)

平成30年		令和元年		令和2年		令和3年		令和4年	
パキスタン	4	シリア	7	シリア	10	ミャンマー	498	ミャンマー	1,682
イラク	3	イエメン	1	イエメン	3	シリア	6	アフガニスタン	10
イエメン	2	エチオピア	1	コンゴ民主共和国	3	エチオピア	5	パキスタン	4
シリア	2	ミャンマー	1	トルコ	2	スリランカ	5	カメルーン	3
中国	2			スリランカ	1	中国	1	ナイジェリア	3
エジプト	1					アフガニスタン	2	ウクライナ	2
ソマリア	1					イエメン	1	エチオピア	2
ミャンマー	1					イラク	1	イエメン	1
						イラン	1	イラン	1
						ウガンダ	1	ギニア	1
						ガーナ	1	コンゴ民主共和国	1
								トンガ	1
								ベネズエラ	1
総数	16	総数	10	総数	19	総数	525	総数	1,712

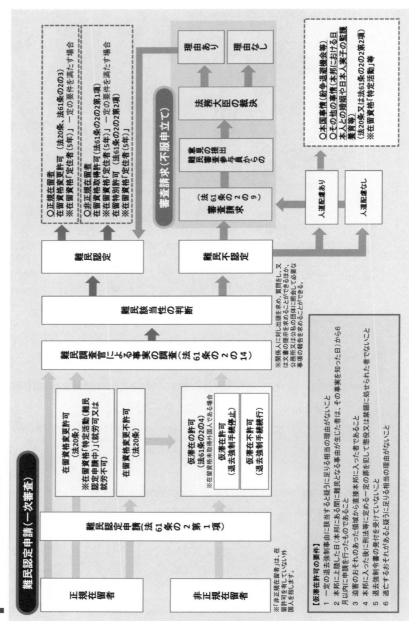

4 ◆ 都道府県別ウクライナ避難民在留者数 （2023年6月7日現在—速報値—）

都道府県	18歳未満	18歳以上 61歳未満	61歳以上	合計
01：北海道	4	17	5	26
02：青森県	0	1	0	1
03：岩手県	0	0	0	0
04：宮城県	5	17	9	31
05：秋田県	1	14	0	15
06：山形県	0	4	0	4
07：福島県	0	11	2	13
08：茨城県	3	45	4	52
09：栃木県	0	3	0	3
10：群馬県	8	39	1	48
11：埼玉県	17	52	16	85
12：千葉県	22	63	23	108
13：東京都	84	430	79	593
14：神奈川県	39	94	28	161
15：新潟県	1	7	0	8
16：富山県	3	7	3	13
17：石川県	7	11	2	20
18：福井県	2	9	0	11
19：山梨県	7	13	0	20
20：長野県	1	2	2	5
21：岐阜県	5	7	2	14
22：静岡県	5	23	5	33
23：愛知県	23	59	22	104
24：三重県	0	0	1	1
25：滋賀県	2	13	2	17
26：京都府	4	61	1	66
27：大阪府	44	113	19	176
28：兵庫県	22	64	20	106
29：奈良県	0	13	0	13
30：和歌山県	1	6	0	7
31：鳥取県	0	1	0	1
32：島根県	0	3	0	3
33：岡山県	3	5	2	10
34：広島県	12	28	9	49
35：山口県	0	2	1	3
36：徳島県	0	3	3	6
37：香川県	0	2	1	3
38：愛媛県	0	0	0	0
39：高知県	0	1	0	1
40：福岡県	12	68	11	91
41：佐賀県	10	20	1	31
42：長崎県	3	23	0	26
43：熊本県	7	11	0	18
44：大分県	10	19	3	32
45：宮崎県	4	6	3	13
46：鹿児島県	4	13	3	20
47：沖縄県	2	18	4	24
48：その他	17	49	5	71
総数	394	1,470	292	2,156

（注1）出国済みの者等がいるためウクライナ避難民入国者数とは数値が一致しない。
（注2）本表における都道府県別の数値は、中長期在留者が届け出ることとされる住居地の情報を集計したもの。
　　　集計時点で住居地未届出の者や一時滞在施設の入所者、「短期滞在」の者は、「その他」に含まれる。

●執筆者略歴（【 】は担当）

荻野剛史（おぎの・たかひと）【第1章】
東洋大学福祉社会デザイン学部社会福祉学科教授。博士（社会福祉学）。
愛知みずほ大学講師を経て、2015年4月より東洋大学社会学部社会福祉
学科准教授、2023年4月改組により現職。現在は特に、国際移住者にと
っての文化の意味に関する研究を行っている。専門は社会福祉学、特に在
日外国人に対するソーシャルワーク論（多文化ソーシャルワーク論）。

原口美佐代（はらぐち・みさよ）【第2章】
（公財）アジア福祉教育財団難民事業本部関西支部・難民相談員。1999年
4月に入職以降、日本に定住するインドシナ難民、条約難民、第三国定住
難民等とその家族を対象として、定住支援のための生活相談業務を担当し
ている。（公社）日本社会福祉士会において、2007年4月以降、滞日外国
人支援に係る委員会のメンバーとして、調査・研修や支援者向けのガイド
ブックの作成等の活動に携わってきた。大阪バイオメディカル専門学校医
療福祉心理学科アドバイザー兼講師として精神保健福祉士の養成に努めて
いる。社会福祉士、精神保健福祉士。

櫻井美香（さくらい・みか）【第4章】
一般社団法人ミナー代表理事。大学院在学中に難民支援NPOでインター
ン後、スタッフとして約10年間勤務。生活相談などの支援業務にあたっ
た。2018年5月に一般社団法人ミナーを設立。東京都足立区を活動拠点に、
難民（や在住外国人）の個別相談支援や家庭訪問などのサポート活動を行
っている。社会福祉士。

羽田野真帆（はだの・まほ）【第4章】
特定非営利活動法人名古屋難民支援室コーディネーター。学童期に海外で
多様な人と関わった経験から、難民支援の仕事を志すようになる。大学在
学中から難民対象の日本語教室や、難民が入管や裁判で提出する証拠資料
の翻訳ボランティアに携わる。2012年の団体設立時より現職。

加藤丈太郎（かとう・じょうたろう）【第5章】
武庫川女子大学文学部英語グローバル学科専任講師。博士（学術）。2017
年3月までNGO/NPOにおいて非正規移民に在留資格を求める活動に従事。
2017年4月に研究の道に転じ、2022年4月より現職。現在は主にベトナ
ムから日本への国際労働移動による日本・ベトナム社会への影響を研究し
ている。専門は移民研究、国際労働移動、国際社会学、多文化共生論。主
な著作に『入管の解体と移民庁の創設——出入国在留管理から多文化共生
への転換』（編著、明石書店、2023年）、『日本の「非正規移民」——「不法
性」はいかにつくられ、維持されるか』（単著、明石書店、2022年）など。

赤阪むつみ（あかさか・むつみ）【第6章】
認定NPO法人 難民支援協会（JAR）渉外チームマネージャー／特定非営利活動法人 なんみんフォーラム理事。大学院修了後、認定NPO法人 日本国際ボランティアセンター（JVC）のラオス事務所にて、森林保全に関連した地域開発と政策提言活動を行う。活動報告「自分たちの未来は自分たちで決めたい」を執筆。その後、シュタイナー教育活動を経て、2014年からJARで定住支援部でシングルマザーの支援担当、2018年より現職、主に政策提言を担っている。

小川玲子（おがわ・れいこ）【第8章】
千葉大学社会科学研究院教授、千葉大学移民難民スタディーズ代表。専門は社会学、移民研究。移民政策学会社会連携委員、日本社会学会国際交流委員、法務省難民審査参与員など。アフガニスタンからの退避と定着にもかかわる。主な著作に "Making of Migrant Care Workers in East Asia," in Eds. Jeon, Y. et al., *Routledge Handbook on Gender in East Asia* (Routledge, 2020), "Use and Abuse of Trafficking Discourse in Japan", *Journal of Population and Social Studies*, 2020, 28:106 - 125、共編著に *Gender, Care and Migration in East Asia* (Palgrave Macmillan, 2018) など。

石川美絵子（いしかわ・みえこ）【第9章】
日本国際社会事業団（ISSJ）常務理事。難民移民のソーシャルワーク、コミュニティ支援の実践に携わる他、事業全体の統括を行う。法務省「第6次出入国管理政策懇談会 難民認定制度に関する専門部会」（2013～2014）、内閣官房「第三国定住による難民の受入れ事業の対象拡大に係る検討会」（2018～2019）の委員を務めた。社会福祉士。

難波 満（なんば・みつる）【コラム】
弁護士（東京弁護士会）。全国難民弁護団連絡会議事務局長。日本に滞在する移民や難民の法的支援に携わっている。

天沼耕平（あまぬま・こうへい）【コラム】
特定非営利活動法人国連UNHCR協会で広報啓発事業／難民高等教育プログラムを担当。資金調達部門での活動に従事するとともに、学校・団体・企業における講演活動、難民映画祭パートナーズの拡大、日本に在住する難民を対象とした奨学金事業「難民高等教育プログラム」などを担当。

●編著者略歴（【　】は担当）

森 恭子（もり・きょうこ）【第3章・終章・おわりに】
日本女子大学人間社会学部社会福祉学科教授。博士（社会福祉学）。
専門は、国際・多文化ソーシャルワーク、地域福祉、コミュニティワーク。
現在、日本ソーシャルワーカー連盟国際委員、日本社会福祉士会多文化
ソーシャルワークプロジェクトチーム委員を務め、埼玉県春日部市で外国
人の子どもの学習支援教室を運営。
［研究テーマ］移民・難民・外国人の定住支援および地域共生社会のあり
方を研究。
［主な著書］『難民のソーシャル・キャピタルと主観的統合——在日難民の
生活経験への社会福祉学の視座』（単著、現代人文社、2018年）、『国際社
会福祉』（共著、旬報社、2020年）、『国際ソーシャルワークを知る——世界
で活躍するための理論と実践』（共著、中央法規出版、2022年）など。
［主な論文］「外国人住民への包括的支援体制づくりを担うコミュニティ・
ソーシャルワーク実践と地域の拠点のあり方について」（『文教大学人間科
学研究紀要』第43号、91〜106頁、2021年）、「オーストラリア、フェア
フィールド市の定住行動計画にみる多様な主体の連携・協働」（『ソーシャル
ワーク研究』第46巻2号、168〜172頁、2020年）など。

南野奈津子（みなみの・なつこ）【はじめに・序章・第7章】
東洋大学福祉社会デザイン学部子ども支援学科教授。博士（社会福祉学）。
日本社会福祉士会、日本国際社会事業団、NPO等で外国人支援業務や社
会活動に従事。
［研究テーマ］児童家庭福祉、多文化ソーシャルワーク。
［主な著書］『女性移住者の生活困難と多文化ソーシャルワーク——母国と
日本を往還するライフストーリーをたどる』（単著、明石書店、2022年）、
『地域で取り組む 外国人の子育て支援——自治体・関係機関連携の課題と
実践』（編著、ぎょうせい、2022年）、『いっしょに考える外国人支援——
関わり・つながり・協働する』（編著、明石書店、2020年）、『外国人の子
ども白書——権利・貧困・教育・文化・国籍と共生の視点から』（共編著、
明石書店、2018年）など。
［主な論文］「難民の社会統合をめぐる福祉的課題と求められるソーシャル
ワーク実践」（『移民政策研究』第15号、64〜77頁、2023年）、「外国にルー
ツをもつ子どもたち——多文化社会・日本での子育て・子育ちの課題と展
望」（『子ども学』第11号、115〜132頁、2023年）など。

いっしょに考える難民の支援
──日本に暮らす「隣人」と出会う

2023年7月10日　初版第1刷発行

　　　　　　編著者　　森　　　恭　子
　　　　　　　　　　　南　野　奈　津　子
　　　　　　発行者　　大　江　道　雅
　　　　　　発行所　　株式会社　明石書店
　〒101-0021　東京都千代田区外神田6-9-5
　　　　　　　　　電　話　　03（5818）1171
　　　　　　　　　ＦＡＸ　　03（5818）1174
　　　　　　　　　振　替　　00100-7-24505
　　　　　　　　　https://www.akashi.co.jp/
　　　　　　装丁　　明石書店デザイン室
　　　　　　印刷・製本　日経印刷株式会社

いっしょに考える 外国人支援

関わり・つながり・協働する

南野奈津子 編著

■A5判／並製／240頁 ◎2400円

日本で暮らす外国人は、どのような生活困難を抱えているのか。本書では、その問題が起きる構造、行われている支援の実際、今後の課題と展望を、法律・医療・教育・労働・福祉・難民支援の各領域から明らかにする。外国人支援に関わる専門職必携の一冊。

外国人の子ども白書【第2版】
権利・貧困・教育・文化・国籍と共生の視点から

荒牧重人、榎井縁、江原裕美、志水宏吉、南野奈津子、宮島喬、山野良一 編

◎3800円

女性移住者の生活困難と多文化ソーシャルワーク
母国と日本を往還するライフストーリーをたどる

南野奈津子著

◎2500円

日本の「非正規移民」
「不法性」はいかにつくられ、維持されるか

加藤丈太郎著

◎3600円

入管の解体と移民庁の創設
出入国在留管理から多文化共生への転換

移民・ディアスポラ研究10
駒井洋監修 加藤丈太郎編著

◎3200円

入管問題とは何か
終わらない〈密室の人権侵害〉

鈴木江理子、児玉晃一編著

◎2400円

「難民」とは誰か
本質的理解のための34の論点

小泉康一著

◎2700円

移民政策研究 第15号
特集：多元化する「難民」と日本の政策課題

移民政策学会編

◎3400円

外国人生徒と共に歩む大阪の高校
学校文化の変容と卒業生のライフコース

山本晃輔、榎井縁編著

◎2600円

〈価格は本体価格です〉